NOTICE SUR LA VIE

DU

P. BIENVENU BAMBOZZI

MINEUR CONVENTUEL

MORT EN ODEUR DE SAINTETÉ, A OSIMO (Italie), LE 24 MARS 1875

Par le P. Joseph NEGRI

DU MÊME ORDRE

PARIS

CHEZ LES RR. PP. CONVENTUELS

23, RUE DE ROMAINVILLE, 23

BAR-LE-DUC.

TYPOGRAPHIE DES CÉLESTINS — BERTRAND

36, RUE DE LA BANQUE, 36

1877

NOTICE SUR LA VIE

DU

PÈRE BIENVENU BAMBOZZI

MINEUR CONVENTUEL

NOTICE SUR LA VIE

DU

P. BIENVENU BAMBOZZI

MINEUR CONVENTUEL

MORT EN ODEUR DE SAINTETÉ, A OSIMO (Italie), LE 24 MARS 1875

Par le P. Joseph NEGRI

DU MÊME ORDRE

PARIS

CHEZ LES RR. PP. CONVENTUELS

23, RUE DE ROMAINVILLE, 23

———

BAR-LE-DUC

TYPOGRAPHIE DES CÉLESTINS — BERTRAND

36, RUE DE LA BANQUE, 36

1877

APPROBATION

Nous, Frère Joseph Cui, commissaire général des Mineurs Conventuels, avons examiné le livre ayant pour titre : *Notice sur la Vie du Père Bienvenu Bambozzi*, composé par le Père Negri, religieux du même Ordre. Nous l'approuvons et permettons qu'il soit imprimé, *servatis de jure servandis*.

Donné à Paris, le 4 octobre 1877.

Fr. Joseph Cui,

Commissaire général.

ERRATA

—

Page 8, ligne 22 : ne fut-ce qu'en très-petites choses *lisez* ne fût-ce qu'en de très-petites choses

Page 13, note, ligne 3 : *dal P. Nicolò Freggiari* lisez *dal P. Nicolò Treggiari*

Page 18, ligne 18 : distance de Civignano *lisez* distance de Cirignano

Page 32, ligne 29 : de toute loi *lisez* de toute la loi

Page 33, ligne 10 : L'amour de Dieu est le bien de la perfection *lisez* L'amour de Dieu est le lien de la perfection

Page 58, ligne 6 : vous me feriez plus grand tort *lisez* vous me feriez le plus grand tort

Page 59, ligne 11 : Le clergé régulier ou séculier *lisez* Le clergé régulier et séculier

À NOS LECTEURS

Nous serions heureux que ce récit, trop incomplet, de la vie d'un enfant de saint François d'Assise produisît en France une partie des fruits de salut opérés par le vénérable serviteur de Dieu, au milieu des pieuses populations des Etats Pontificaux.

Nous remercions les témoins oculaires, les bienveillants auteurs de mémoires et tous les admirateurs de cet humble apôtre, qui ont bien voulu nous aider dans un travail que nous aurions voulu rendre moins indigne de notre héros.

Puissent tous ceux qui liront ces pages si imparfaites y puiser les sentiments d'humilité, d'amour de Dieu, de charité envers le prochain, dont toute la vie du P. Bienvenu a été un perpétuel exemple. Ses frères, amenés en France par les épreuves de la sainte Eglise, chercheront à faire revivre dans l'un des plus pauvres quartiers de Paris l'esprit d'abnégation et de dévoûment de leur bienheureux Père, saint François, de tous leurs glorieux et pieux ancêtres, et enfin de celui dont ils ont pu contempler les douces et modestes vertus.

La France comptait autrefois de nombreux rejetons sortis de ce tronc antique et vénérable. Nous espérons que plusieurs âmes généreuses, appelées de Dieu, voudront encore s'abriter à son ombre et reproduire les prodiges de grâce des anciens jours.

Déjà de pieux fidèles sont venus demander aux Religieux de l'humble couvent de la rue de Romainville, n° 23, l'agrégation au Tiers-Ordre de saint François, et leur apporter l'assistance de leur aumône généreuse ; qu'ils soient bénis et remerciés, ainsi que tous ceux qui voudront concourir à la résurrection de cette branche de la grande famille franciscaine.

NOTICE

SUR

LA VIE DU PÈRE BIENVENU BAMBOZZI

MINEUR CONVENTUEL

CHAPITRE I.

Naissance du Serviteur de Dieu, son enfance, son adolescence.

Ce fut près d'Osimo [1], dans le village de Cirignano, que naquit notre Bienvenu, de Vincent Bambozzi et d'Elisabeth Frontalini, le 23 mars 1809. Ses parents étaient pauvres des biens de la fortune, mais riches en vertus chrétiennes et très-attentifs à élever leurs enfants dans la crainte du Seigneur et dans la fuite de tout mal.

L'enfant fut régénéré dans la grâce, et enté en Jésus-Christ par le baptême, le lendemain de sa naissance, et on lui donna les noms de Léopard-Bienvenu, en l'honneur des deux premiers évêques d'Osimo. Le choix de ces noms était comme une prophétie ; car il devait imiter de très-près les saintes œuvres et le zèle apostolique de ces évêques admirables.

Dieu l'y prépara de longue main, en le prévenant des douces bénédictions de sa grâce. A peine Bienvenu put-il prononcer quelques mots et comprendre quelque chose, que non-seulement ses parents, mais tous ceux qui le connurent, purent admirer dans cet enfant sa prompte obéissance, l'égalité et la gaieté de son humeur, une

---

(1) Osimo est une ville des Etats de l'Eglise, dans la légation d'Ancône.

grande propension à la prière; et une aversion inexplicable pour les petits jeux enfantins.

Ces opérations de la main de Dieu étaient en lui si habituelles, que ses parents, pour corriger plus efficacement leurs autres enfants, leur disaient souvent : « Suivez l'exemple de Bienvenu ».

L'inclination à la dévotion et au recueillement croissait en lui avec l'âge. Lorsque sa mère l'entretenait de Dieu, de la doctrine chrétienne et des devoirs qu'elle impose, son cœur maternel était inondé de joie, en voyant son Bienvenu l'écouter avec une grande attention, se retirer à l'écart pour répéter tout bas ce qu'il venait d'entendre et s'ingénier à le mettre en pratique.

Cette envie de croître en vertu se manifesta encore davantage dès le 12 juin 1816, quand il reçut des mains du cardinal Castiglioni, évêque d'Osimo et Cingoli, le sacrement de Confirmation, qui lui conféra la perfection de la grâce et des dons du Saint-Esprit.

Il n'était pas encore sorti de l'enfance, et il exerçait déjà envers ses frères les actes les plus nobles et les plus généreux. Chaque fois que ceux-ci se refusaient à quelque travail dans les champs ou dans le ménage, il les remplaçait de très-bon gré et tâchait même de les excuser auprès de ses parents. Parfois, accusé de fautes que ses frères avaient commises, il gardait le silence, ne se justifiant en aucune manière.

A cause même de sa bonté et de sa simplicité, il se trouvait souvent en butte aux railleries de ses frères ; mais il souffrait le tout avec la patience la plus admirable.

Ses parents, espérant être un jour secourus dans leur vieillesse, surtout par Bienvenu, eurent soin de faire enseigner la lecture et l'écriture à lui et à son frère Joseph.

Le jeune Bienvenu va trouver désormais dans la lecture ses plus chères délices. Mais quel usage fait-il de la nouvelle faculté qu'il vient d'acquérir ? Il obéit à l'inspiration de Dieu, et il n'a d'autres attraits que pour les Vies des Saints. Il n'est jamais oisif, et il trouve chaque jour assez de temps pour ces saintes lectures.

Oh ! si tous les parents répondaient fidèlement à ce que Dieu, l'Eglise, et la société attendent d'eux ! L'agitation fébrile qui travaille les nations, jadis si florissantes, disparaîtrait bientôt, et on reverrait l'âge d'or dans l'ordre, dans la foi, dans la paix.

Bienvenu, à l'entrée de l'adolescence, était admirablement préparé à s'unir intimement à Dieu par la sainte Eucharistie ; cependant il ne s'y disposa qu'en esprit d'obéissance à son confesseur. Le profond sentiment de sa misère et de son indignité fit bientôt place, dans son cœur, à la confiance la plus tendre et la plus filiale.

Quel jour ravissant pour lui que celui de sa première communion ! Il sentit sans doute dans son âme les merveilleux effets promis par Jésus-Christ lui-même : « Celui qui mange ma chair et boit mon sang demeure en moi, et moi en lui. Comme mon Père qui m'a envoyé est vivant, et que je vis par mon Père ; de même celui qui me mange, vivra par moi. Je suis le Pain vivant descendu du ciel. Celui qui mange ce Pain vivra éternellement ». (Jean, VI, 51-59). Tous ses contemporains attestent que depuis ce jour le bon Dieu attira à lui d'une manière toute spéciale l'âme de Bienvenu. Par sa fidèle correspondance à la grâce, il conserva toujours, ou plutôt il augmenta de plus en plus sa première ferveur, s'unissant très-souvent d'abord, puis journellement, à son Bien-Aimé.

Dans la persévérance à se nourrir dévotement de la chair du divin Agneau consiste la substance d'une vie sincèrement chrétienne. Qu'elle est donc grande l'erreur de ces parents qui, après la sainte joie de la première communion de leurs enfants, ne se soucient plus, ou presque plus, qu'ils fréquentent les sacrements ! Mais comment les y engageraient-ils efficacement, s'ils vivent eux-mêmes éloignés de l'église ? Il faut que les parents prêchent d'exemple, et non pas seulement de parole.

CHAPITRE II.

Son noviciat dans notre couvent d'Osimo.

A voir un jeune homme qui touchait presque à la virilité, si adonné aux bonnes lectures, si plein de l'esprit d'obéissance, d'humilité, d'abnégation, de charité, on pouvait aisément présager que Dieu l'appellerait à la vie religieuse. En effet, comme il le dit un jour lui-même, il se sentait si vivement attiré au couvent, qu'il lui semblait ne pouvoir résister à cet appel.

Ses parents, pour des vues non entièrement blâmables, auraient voulu le voir prêtre séculier. Quel dut être leur étonnement, lorsque, un jour, il leur dit avec respect et fermeté : « Mes chers parents, écoutez-moi. Si vous voulez absolument que j'entre au séminaire, je le ferai pour vous obéir, mais seulement pendant un an ; après quoi je me ferai religieux ».

Notre couvent d'Osimo, attenant à la basilique de Saint-Joseph de Copertino, supprimé en 1808, avait été rouvert en 1821, sous le grand Pontife Pie VII, et les supérieurs y avaient établi le noviciat pour les jeunes hommes aspirant à notre Ordre.

C'est là que Bienvenu fut reçu, après avoir subi l'examen d'admission. Il prit l'habit, le 3 décembre 1832, âgé de vingt-trois ans, et commença son noviciat sous la direction du P. Louis Capitanelli, homme de grande vertu et dé rare prudence.

Si, pour tout novice ayant une volonté sérieuse de se consacrer à Dieu, l'année du noviciat est la plus heureuse de toute sa vie, parce que tout, absolument tout, le porte naturellement à Dieu et au recueillement intérieur, combien ne dut-elle pas l'être davantage pour Bienvenu, qui était si bien disposé et qui ignorait le monde et ses innombrables folies !

Dès les premiers jours on vit en lui une ardeur extraordinaire pour tout ce qui concernait l'esprit de religion, le culte de Dieu et la perfection. Il était au comble de ses désirs et ne s'occupait que de Dieu et des moyens de s'unir de plus en plus à lui ; son âme nageait dans un océan de délices.

Rien ne pourra nous faire mieux connaître le cœur de Bienvenu et sa grande ferveur, que ce qu'il écrivit vers la moitié de son noviciat pour se donner à lui-même une règle de conduite durant toute sa vie.

C'est ce que l'on trouva après sa mort sous le titre : RÉFLEXIONS. J'en reproduis ici fidèlement les idées principales :

1° *Excellence de la vocation religieuse.*

« La plus grande grâce que Dieu m'ait accordée, après celle de m'avoir fait naître dans l'Eglise catholique, c'est de m'avoir appelé en Religion. Mon but unique doit être de me sanctifier ; je suivrai donc toujours l'exemple du petit nombre et surtout celui des Saints.

« Je dois être comme une victime qui se consume sur l'autel devant Dieu ; et il me faut porter toutes les croix, sans aucune plainte, en songeant que tout ce qui peut m'arriver de rude et de fâcheux est pour mon bien.

« Je tiendrai Dieu comme mon père et mon unique

trésor, tant que je serai attentif à accomplir tous mes devoirs et à fuir tout péché ; mais, si je venais, que Dieu m'en garde, à tomber dans la tiédeur, ou, qui pis est, à m'endormir en quelque péché, je ne l'envisagerai alors que comme un juge terrible, prêt à me condamner, si je ne pleure au plus tôt mes péchés, et si je ne l'aime de tout mon cœur.

2° *Humilité, mortification.*

« N'étant en moi-même qu'un simple néant et un dissipateur des grâces et des dons de Dieu, je veux me tenir uni à Dieu plus qu'une goutte d'eau à un océan sans borne. Plus je suis faible en moi-même, plus je deviens puissant avec l'aide de Dieu.

« Je suis le plus misérable de tous les hommes, et je m'abuse étrangement si je me préfère à qui que ce soit. Je me réjouirai donc d'être placé dans les offices les plus vils et les plus abjects, même lorsqu'on ne me paiera qu'avec du mépris le bien que je ferai.

« Après tout, je ne suis qu'un serviteur inutile. Quelque bien que je fasse, je dirai toujours que ce n'est rien ; parce que mille défauts peuvent s'y mêler et que tout don parfait vient d'en haut.

« Je regarderai toute correction comme un grand bienfait, et, s'il me semblait n'être point coupable, je penserai que cela peut bien provenir d'un secret orgueil.

« Pour m'exciter à faire le bien, je songerai à ce que je voudrais avoir fait à l'heure de la mort.

« C'est surtout mon intérieur que je dois mortifier. C'est pourquoi je serai content que tout m'arrive contre mon gré. Le bien même, je ne le ferai que pour plaire à Dieu, et non pas pour ma propre satisfaction. La mesure de mes progrès dans la vertu sera l'abnégation ».

3° *Charité envers le prochain.*

« J'aimerai tout le monde d'une véritable charité, n'envisageant mon prochain qu'en Dieu.

« La charité, je dois l'exercer surtout envers mes confrères, spécialement envers ceux qui sont âgés ou malades, et envers ceux qui auraient une humeur difficile ou contraire à la mienne.

« Si Dieu me donne de pouvoir prêcher, je veux le faire d'une manière utile à tout le monde, surtout aux ignorants : jamais avec un style recherché, moins encore pour m'attirer des éloges ou en vue de l'intérêt.

« Quoi qu'il en soit, à tous les moments de ma vie je dois prêcher par le bon exemple. Je parlerai fréquemment de Dieu, des vérités de la foi, de l'amour envers Jésus-Christ et de la nécessité de mépriser le monde. Toute ma vie **ne** doit être qu'une prière pour la destruction du péché et pour le salut de tous. Je veux prier d'une manière toute particulière pour les ecclésiastiques, dont les péchés blessent le plus le cœur de Jésus, et de la sainteté desquels dépend la réforme de tout le peuple.

4° *Renouvellement des vœux.*

« Les vœux étant l'essence même de mon état et comme des ailes pour m'élever à la sainteté, je les renouvellerai souvent, surtout ceux contre lesquels je me sentirai tenté davantage.

« L'*obéissance* doit être ma devise. J'obéirai donc promptement en toutes choses, où je ne verrai pas de péché manifeste, prévenant même le commandement, si cela se peut.

« Je me rappellerai toujours qu'en entrant en religion, j'ai laissé dans le monde ma volonté propre ; c'est pourquoi je me réjouirai de voir tomber une à une toutes mes volontés.

« Si la charité envers Dieu ou envers le prochain ne m'y oblige point, je ne veux jamais me disculper.

« C'est l'exacte obéissance qui doit me sanctifier, et non pas le nombre et la grandeur des actions.

« La *chasteté* nous rend semblables aux anges, nous élève à la contemplation des choses célestes, et nous unit étroitement à Dieu. Je veux qu'elle soit ma bien-aimée. Je la garderai le plus parfaitement possible, évitant soigneusement toute affection déréglée, tout discours tant soit peu déshonnête, toute lecture dangereuse, enfin tout ce qui porte insensiblement au vice opposé. La chasteté n'est-elle pas le char magnifique qui doit me porter au ciel ?

« Je veux garder mes yeux, non-seulement pendant le noviciat, mais toujours, les fermant à la curiosité et à la dissipation. Je les mortifierai même dans les choses permises, afin de pouvoir le faire plus aisément dans ce qui est défendu.

« Au moment de prendre mon repas, j'offrirai à Dieu cet acte, tout en lui demandant la grâce de ne pas y pécher. Je mortifierai mon goût, ne fut-ce qu'en très-petites choses. Je trouverai bon tout ce que l'on me présentera, n'en faisant jamais le choix. Je serai très-sobre, surtout dans le boire, et, hors du repas, je ne boirai pas même de l'eau sans une grave nécessité.

« Me souvenant toujours que je suis venu en religion pour faire pénitence, j'endurerai de bon cœur la chaleur, le froid, les maladies et toutes sortes d'incommodités. Lorsqu'il n'y aura pas en commun l'exercice de la discipline, je veux me la donner dans mon particulier, selon qu'on me le permettra. Comme souvenir du cœur de Jésus percé de la lance, je porterai sur mon corps, si on me le permet, quelque chaînette avec des aiguillons, ou bien un cœur de fer avec de petites pointes que je comprimerai de temps à autre, surtout dans les tentations. On ne demeure en ce monde que pour peu de moments ; il faut donc que je me détache de la terre et que je ne pense qu'au ciel ; il faut que j'amasse le plus possible de véritables richesses pour en jouir éternellement.

« Enfin, pour observer comme il faut, la sublime *pauvreté* franciscaine, je tiendrai comme reçues en aumône toutes les choses que l'on me donnera pour le simple usage, n'oubliant jamais que je dois être pauvre en tout. C'est pourquoi, si quelque objet, même nécessaire, venait à me manquer, je m'en réjouirai.

« Quant à l'usage de l'argent, je m'attacherai scrupuleusement à la règle expliquée par nos Constitutions.

« J'aurai toujours présent à l'esprit que le religieux doit être un homme de Dieu, qu'il ne doit se laisser entraîner par aucune passion et qu'il doit être mortifié en toutes choses.

3° *La dévotion*.

« Je ne m'attacherai qu'à une dévotion solide. Elle consiste dans la promptitude à faire tout ce qui est du service de Dieu, et non pas dans les consolations sensibles. Je songerai même que Dieu donne plus de grâces, et se communique d'une manière plus intime aux âmes qui sont constantes à le servir dans l'aridité de l'esprit et dans les peines intérieures.

« Je ferai grand cas de toutes les solennités que l'Eglise nous fait célébrer en l'honneur de Dieu, de la sainte Vierge et des saints, et je m'y préparerai par l'exercice de la vertu spéciale dont la fête me propose l'exemple.

« Je veux gagner le plus que je pourrai de saintes in-
dulgences, et je les appliquerai au soulagement des âmes
du purgatoire, pour lesquelles j'entends aussi offrir à Dieu
toutes mes souffrances et le peu de bien que je ferai.

« Plus il me semblera être faible dans le service de Dieu,
plus je m'adonnerai paisiblement à la fuite des péchés,
à l'abnégation de moi-même et à la pratique des vertus.
Quand même il me paraîtrait que je n'ai aucune espérance
de salut, loin de m'abattre, je me dévouerai plus que
jamais à de saintes œuvres, me rappelant que celui qui
met toute sa confiance en Dieu ne périt point.

« Je veux aimer beaucoup la sainte Vierge et son chaste
époux, mon ange gardien, le prince des apôtres, mon
patron et tous les saints du paradis, en songeant que tous
désirent me voir saint moi-même.

« Quant à la sainte messe, je tâcherai de m'en former
la plus haute idée, et je l'entendrai le plus souvent possible.

« Si Dieu m'élève à la prêtrise, ce que je n'oserai
jamais désirer, car j'en suis extrêmement indigne, je me
propose de célébrer avec la plus grande dévotion et gravité. Je ferai consister la préparation éloignée dans le
détachement des choses d'ici-bas et dans le dévouement
au service de Dieu. Je ne négligerai jamais la préparation
prochaine, en priant toujours la sainte Vierge de vouloir
bien suppléer à mon indignité. Après la messe, je ferai
une demi-heure d'action de grâces, ne l'abrégeant jamais
que pour l'obéissance, pour la charité et pour le culte
divin.

« Afin de n'être pas distrait pendant l'office et dans les
autres pratiques de piété, je me défierai entièrement de
mes forces, et je tâcherai de vivre mortifié et recueilli en
Dieu. Si, malgré moi, j'étais en butte à des distractions, je

ramènerai paisiblement mon attention; n'y réussissant pas, je ne tiendrai aucun compte de ma folle imagination, mais je m'humilierai devant Dieu et me résignerai à toutes ces misères.

« Je ferai chaque jour une lecture spirituelle, et, pour me rendre habile à faire du bien aux âmes, j'étudierai avec le plus grand soin la théologie morale.

« Si je suis appelé à entendre un jour les confessions des fidèles, je le ferai avec beaucoup de zèle et de charité, me privant même de sommeil et souffrant d'autres incommodités.

« Quant aux malades et aux moribonds, je veux les assister même au prix de ma vie. Si les hommes s'exposent tant de fois à la mort pour les choses d'ici-bas, à quoi ne devrai-je pas être prêt pour sauver les âmes qui valent le sang d'un Dieu !

« La prière est le grand moyen que je dois employer pour accomplir mes résolutions. De chaque prière que je ferai, j'aurai soin de tirer une connaissance plus profonde de mon néant et de mon peu de correspondance à la grâce, une plus grande confiance en Dieu, et un amour plus ardent pour mon divin Maître.

6° *L'observance de la règle.*

« J'aurai toujours à cœur la discipline régulière, et l'observance religieuse, et, me tenant simplement attaché à la Règle expliquée par les Constitutions, je ne désirerai jamais de dispenses pour moi.

« Mon seul véritable ami, c'est Dieu. Dieu ne me donnera-t-il pas le centuple ici-bas pour toute affection sensible refusée aux créatures, et la gloire éternelle dans l'autre vie ? Je serai ami de tous selon l'Evangile, faisant du bien même à ceux qui me feront du mal.

« Je dois fuir tout entretien inutile, ne traitant avec mon prochain que par nécessité ou par charité. C'est ainsi qu'il me restera toujours du temps pour traiter avec Dieu.

« Le silence est l'âme du bon religieux. Il me faut donc l'aimer de toutes mes forces, et tâcher d'être très-sobre en paroles, n'en disant jamais de mondaines, de piquantes ni d'équivoques.

« Je ne veux jamais railler personne, si ce n'est parfois par quelque innocente plaisanterie avec ceux qui entendent raillerie.

« Je dirai de chacun tout le bien que je pourrai, gardant le silence quant au reste.

« Je dois parler toujours avec le plus grand respect de l'Eglise, des évêques, des prélats et des Ordres religieux. Pour y réussir, il faut que je pense avant de parler.

« Quant aux détracteurs, ou je les corrigerai avec prudence et douceur, ou je m'en éloignerai; si je ne puis faire ni l'un ni l'autre, je prendrai au moins un maintien sévère pour témoigner que je ne veux pas participer à la médisance.

« L'oisiveté est la mère de tous les vices, c'est pourquoi je veux la haïr de toute mon âme. Chaque moment peut nous mériter la possession de Dieu.

« Je ferai du bien à tout le monde. En tout ce qui n'est pas péché, ni occasion de péché, je tâcherai d'être condescendant. Mais en ce qui n'est pas permis, ou qui n'est pas convenable à mon état, je m'y refuserai tout net sans aucun détour de paroles.

« Enfin j'éviterai de toutes mes forces la mélancolie, qui n'est bonne à rien. Je tâcherai plutôt d'avoir toujours l'allégresse des saints, laquelle consiste dans la paix du cœur et dans la vie saintement recueillie, tout en se montrant joyeux avec tous dans une sainte modestie et piété ».

Voilà ce qu'écrivait le fervent Bienvenu peu de mois après avoir quitté le monde. Qui n'est pas saisi de la précision et de l'étendue de ses idées? Qui peut s'empêcher d'admirer son courage? D'autant plus que ce ne furent point là de simples projets, ni des propos stériles, comme il arrive trop souvent même aux personnes pieuses; mais ce qu'il promit alors, il l'accomplit fidèlement et d'une manière très-parfaite jusqu'à son dernier soupir.

C'est ce qu'attestent d'une commune voix tous ceux qui le connurent, notamment l'auteur de sa vie, duquel j'ai tiré tout le fond de cette Notice, et qui eut le bonheur de vivre avec lui pendant trente ans. D'ailleurs chacun sera à même d'en juger par ce qu'on va lire. Le Père Bienvenu devint grand devant Dieu, en pratiquant toujours le premier ce qu'il enseignait aux autres (1).

CHAPITRE III.

Profession du P. Bienvenu, son sacerdoce, son séjour en divers couvents et ses emplois.

L'essence de tout Ordre religieux consiste dans l'observance des conseils évangéliques.

Les vœux d'obéissance, de pauvreté, de chasteté sont tout ce que l'on peut imaginer de plus sublime ; car c'est par eux que l'homme consacre à Dieu tout ce qu'il est et tout ce qu'il a.

Aussi par ces vœux devient-on parfaitement libre ; car on secoue le joug de la triple concupiscence dont le

(1) Voici le titre du volume qu'on publia en Italie l'année passée : *Vita del P. Benvenuto Bambozzi, già Maestro de' Novizzi de' Minori Con ventuali, scritta dal P. Nicolò Freggiari dello stesso Istituto.*
Osimo, Tipografia Quercetti, 1876.

monde est l'esclave. Par le vœu d'obéissance, on se soustrait à la tyrannie de l'orgueil ; par celui de pauvreté, on se dégage de la servitude des richesses ; par celui de chasteté, on maîtrise en tout point la concupiscence de la chair.

Ce fut dans ces sentiments, et le cœur inondé de la plus pure joie, que Bienvenu fit sa profession solennelle, le 4 novembre 1833, et son sacrifice volontaire s'éleva au trône de Dieu en odeur de suavité.

Il voulut donner à Dieu un premier gage de son dévouement. Ayant reçu, aussitôt après sa profession, l'ordre de se rendre à Urbino pour y faire ses études, il partit sur-le-champ pour sa nouvelle destination, sans saluer personne, pas même ses parents, *laissant tout*, à l'exemple des apôtres.

Il s'adonna pour quelque temps aux études philosophiques, qu'il interrompit bientôt, pour ne s'occuper, d'après l'avis de ses supérieurs, que de la théologie dogmatique et morale.

Cette position exceptionnelle l'exposa aux fréquentes et piquantes railleries de ses compagnons. Non-seulement il n'accusa jamais personne, ni ne s'en plaignit en aucune manière, mais il en remerciait Dieu. Il s'écriait parfois : « Je suis bien aise d'être humilié et avili, afin que la vertu de Jésus-Christ demeure en moi » ; ou bien : « Seigneur, faites que je tire profit de ces chères occasions » ; ou enfin, ce qu'il eut toujours sur les lèvres : « Vive Marie ».

Mais il gagna bientôt l'estime et l'amour de tous par l'éclat de ses vertus. Son humeur toujours égale et complaisante, sa rare modestie, sa prompte obéissance, sa gravité dans la prière et dans tous les actes communs, sa gaieté toute simple dans la récréation, étaient un sujet d'admiration générale.

Les supérieurs en furent si frappés qu'ils décidèrent de hâter son ordination. Quant à Bienvenu, il était si convaincu de son indignité et de l'excellence de l'état sacerdotal, qu'il ne se serait jamais permis d'en faire la demande; mais il se laissait aveuglément guider par l'obéissance. C'est pourquoi, se soumettant à la volonté de Dieu, il reçut par les mains de Mgr Tanara, archevêque d'Urbino, la tonsure et les Ordres mineurs, le 24 mai 1834; le sous-diaconat, le 7 septembre; le diaconat, le 14 du même mois.

Il ne lui restait plus à recevoir que la prêtrise. Au mois d'octobre de la même année, ses supérieurs qui le savaient déjà plus que suffisamment instruit dans la théologie, et qui étaient très-sûrs d'ailleurs qu'il étudierait toujours, lui enjoignirent de s'y préparer.

Ce fut vraiment pour Bienvenu un coup inattendu. En proie à la plus grande appréhension, cette fois, il ne put s'empêcher de soumettre humblement au jugement des supérieurs toutes les réflexions que son humilité, éclairée par la foi, sut lui suggérer. Mais l'obéissance l'emporta sur l'humilité, et le diacre Bienvenu se laissa ordonner prêtre par le même évêque, le dimanche 9 novembre 1834.

Voilà cet humble enfant de la campagne revêtu d'un pouvoir évidemment divin, auquel ne sont point comparables toutes les dignités du monde, même les plus hautes. C'est par le prêtre catholique que Jésus-Christ continue jusqu'à la fin des siècles sa mission divine. C'est au prêtre catholique qu'il répète continuellement par la bouche de son Vicaire : « Allez, enseignez toutes les nations... Faites ceci en mémoire de moi... Ceux à qui vous remettrez les péchés, ils leur seront remis ». (Matth., XXVIII, 19 ; Luc, XXII, 19 ; Jean, XX, 23.)

Le P. Bienvenu se préparait à tout ce que Dieu voudrait

de lui par la quotidienne et dévote célébration des saints mystères, par la plus fervente prière et par l'étude de la théologie morale. A propos de cette étude si nécessaire au prêtre, voici ce qu'il disait, en la comparant à la prière : « Il est vrai que par l'oraison nous nous approchons de Dieu ; mais par la théologie morale nous nous rendons habiles à rapprocher notre prochain de Dieu. Cela lui est fort agréable, et c'est là un des plus grands devoirs du sacerdoce. Nous avons été élevés à la prêtrise, non pas pour nous, mais pour les fidèles ».

A la fin de 1835, le P. Bienvenu fut envoyé au couvent de Pésaro. Répétant joyeusement les paroles de saint Joseph de Copertino : « Dieu est partout, donc on doit se trouver bien partout », il s'y rendit sans aucun délai et se mit sous l'obéissance de son nouveau gardien, le P. Jean Ferrini, qui fut depuis évêque de Bagnorea.

Pendant l'été de 1836, par ordre de son gardien, le P. Bienvenu alla à Ancône avec un autre Père, pour acheter de quoi se faire un habit. Le terrible fléau du choléra-morbus venait d'éclater dans cette ville. Lorsque le P. Bienvenu et son compagnon furent de retour à Pésaro, on les contraignit de rester quatorze jours dans le lazaret qu'on venait d'établir près de la ville par crainte de la contagion.

Dans ce séjour d'un nouveau genre, le P. Bienvenu ne perdit rien de sa paix ni de sa bonne humeur, et il sut même se donner dès le début une méthode de vie. Les premiers jours, ils furent traités avec rigueur, mais bientôt on permit à tout le monde de circuler librement dans l'enceinte du lazaret. En cette circonstance, la tranquillité et la douceur du P. Bienvenu furent pour tous un sujet d'édification. Aussi, un soldat fut si touché de son caractère, de ses exemples et de ses paroles, qu'il quitta aussitôt le monde, et se fit religieux dans un couvent d'Observantins.

Rentré au couvent de Pésaro, le P. Bienvenu s'adonna paisiblement à l'accomplissement de tous ses devoirs. Sa conduite si irréprochable et si exemplaire lui attira l'admiration de toute la ville. Les familles principales s'estimèrent heureuses de lui confier leurs jeunes enfants, pour qu'il leur enseignât la lecture et les éléments de la religion. On ne saurait exprimer avec quel zèle et quelle charité il s'acquittait de cette tâche si sublime et si éminemment chrétienne.

Deux fois par jour, on vit ce bon Père entouré des enfants, tout attentif à former à la véritable vertu leurs jeunes cœurs. Son front rayonnait de joie, et on voyait bien qu'il était tout pénétré de cette parole évangélique : « Celui qui accueille un de ces petits enfants, m'accueille moi-même. Laissez les enfants venir à moi, parce que le royaume des cieux est à eux ». (Matth., xviii, 5 ; xix, 14.)

Le P. Bienvenu était vraiment mort à lui-même, et il avait appris du divin Maître à faire de la volonté de Dieu sa nourriture quotidienne. En voici une preuve éclatante.

Dans l'après-midi du 13 juillet 1837, comme il était tout occupé à l'instruction des enfants, le Père gardien se présente à lui, et lui remet de la part du Père provincial une lettre d'obédience pour Camérano. Le P. Bienvenu, tout à fait maître de son propre cœur, bénit à l'instant même ses chers petits élèves, leur recommande d'être toujours bons et dociles, et sort du couvent pour s'assurer d'une voiture. C'est en vain que le Père gardien lui représente que la chose ne presse point, et qu'il peut prendre son temps. « L'obéissance doit être pratiquée sur-le-champ », répond Bienvenu, et il part à l'heure même, sans avoir pu saluer ses confrères qui étaient sortis.

<table>
<tr><td>BIENVENU.</td><td>2</td></tr>
</table>

Notre petit couvent de Camérano n'était habité en 1837 que par un vieux Frère lai, qui, dominé par le plus ridicule orgueil, se donnait des airs de maître et tâchait même d'empêcher qu'aucun Père ne vînt s'établir dans la maison. Ayant compris que le P. Bienvenu y avait été envoyé comme président (1), sa colère ne put se contenir, et il s'efforça de lasser son supérieur par toute sorte d'impertinences, de railleries et de mépris. Le P. Bienvenu aurait pu aisément, sans blesser en rien la règle de la perfection, se débarrasser de cet individu si étrangement orgueilleux ; mais il tint à ne pas laisser échapper une si belle occasion de souffrir quelque chose pour l'amour de Dieu. Questionné plus tard à ce sujet, il répondit : « Il ne faut jamais rejeter la croix que Dieu nous envoie ; mais on doit la porter docilement pour s'exercer dans la vertu ». On peut juger, par le fait suivant, qu'il s'y est vraiment exercé jusqu'à l'héroïsme.

Camérano n'étant qu'à une heure de distance de Civignano, patrie de Bienvenu, son père vint un jour le voir. Il fut reçu d'abord par le Frère, qui pour tout accueil murmurait tout bas. Le père de Bienvenu souffrit patiemment, pendant quelques instants, ces impertinences ; mais, le convers ayant poussé l'inconvenance jusqu'à paraître lui reprocher de venir manger aux dépens du couvent, le vieillard ne put s'empêcher de s'écrier : « Rien n'est moins vrai que ce que vous dites ; je ne suis venu que pour voir mon fils ».

Ce cri d'indignation frappa les oreilles et perça le cœur du P. Bienvenu qui, de retour de l'église, gravissait en ce moment l'escalier. Il reconnut de suite la voix de son père, qu'il n'avait pas vu depuis trois ans. Qui pourrait

(1) C'est par ce nom que dans notre Ordre on désigne le supérieur des petits couvents.

exprimer la lutte terrible à laquelle son cœur fut en proie ?
Mais il résolut de se vaincre entièrement. Si la nature le
portait à voler entre les bras de son père, la grâce lui
donna la force de gravir très-lentement l'escalier, et il put
se mettre en une parfaite tranquillité. Arrivé tout joyeux
au lieu de la mêlée, il embrassa son père, le salua, et lui
parla d'une façon si douce et si affectueuse qu'il apaisa sa
colère, et la conversation roula bientôt sur les choses de
famille avec une grande consolation mutuelle.

Ce fut à Camérano que le P. Bienvenu commença à se
dévouer au bien des âmes, après avoir subi, en décembre 1837, son examen de confesseur à l'évêché
d'Ancône.

Ce début de sa vie apostolique porta tout de suite le cachet
de la plus grande générosité, bien que Dieu lui réservât
pour l'avenir une route plus spacieuse. Voici ce qu'écrivait
naguère un pieux ecclésiastique de Camérano : « Dans une
année environ qu'il demeura ici, il mena une vie vraiment
religieuse, exemplaire, irréprochable aux yeux de tous. Il
était assidu au confessionnal, et, par ses avertissements
et ses sages conseils, il savait consoler les âmes et les
rendre toujours plus ferventes dans la pratique des bonnes
œuvres ».

Vers le mois de juin 1838, obéissant à la voix de Dieu
qui lui parlait par ses supérieurs, le P. Bienvenu quitta
Camérano et alla à Santa Vittoria delle Fratte, à douze
kilomètres de Fossombrone, dans la légation d'Urbino et
Pésaro.

Notre couvent de Santa Vittoria, qui remonte au moyen
âge, est bâti au sommet d'une belle colline ; et, comme il
est assez éloigné de tout lieu habité, il est très-propre au
recueillement intérieur et à la méditation.

C'est ici que Dieu attendait son ami pour lui parler

cœur à cœur avec plus d'intimité et pour éclairer son
esprit d'une plus vive lumière.

Bientôt après son arrivée dans ce couvent, il en fut élu
gardien, c'est-à-dire supérieur. La grande charité avec
laquelle il accueillait tout le monde lui attira un grand
nombre de pénitents, non-seulement de Santa Vittoria,
mais aussi de tous les environs.

Comme la plupart des fidèles qui accouraient à lui
étaient des ouvriers et des laboureurs, l'affluence avait
lieu principalement les dimanches et les jours de fête. Le
P. Bienvenu, profitant des loisirs que la Providence lui
ménageait, s'adonnait pendant la semaine à l'étude de la
théologie mystique. Il trouvait ses plus chères délices dans
la méditation des ouvrages de sainte Thérèse et de saint
Jean de la Croix, et il y découvrait sans cesse de nouvelles
beautés et de nouveaux trésors.

Les personnes les plus sages et les plus éclairées, et les
maîtres en théologie étaient fort étonnés de la précision,
de la clarté, de la facilité, avec lesquelles le P. Bienvenu
parlait des plus hauts degrés de perfection et expliquait
les choses les plus profondes de la vie unitive. Mais cet
étonnement se serait bientôt changé en admiration, si l'on
eût songé que ces sublimes enseignements trouvaient dans
son cœur le plus parfait écho. Il exprimait par la parole
ce qui s'opérait dans son âme.

A mesure qu'il découvrait en lui-même les dons de
Dieu, il n'en devenait que plus humble ; on le vit maintes
fois trembler de tous ses membres à la seule pensée du
compte qu'il devrait rendre à Dieu pour toutes ces faveurs
extraordinaires. La lumière que Dieu lui communiquait
était si vive, qu'il se disait plein de péchés et de défauts ;
il s'étonnait que le Seigneur pût encore le conserver en
vie et ne l'eût point déjà enseveli dans l'enfer.

Pendant les six ans que dura son séjour à Santa Vitto-ria, il prêcha la parole de Dieu, d'abord chaque dimanche dans son église, puis pendant le Carême en divers endroits, et en d'autres circonstances encore.

Comme il était embrasé de zèle pour le salut des âmes, et que sa prédication était soutenue par l'exemple continuel de sa vie extrêmement édifiante, sa parole simple et énergique allait tout droit au cœur de ses auditeurs et elle y produisait les plus beaux fruits de pénitence et de conversion.

La renommée que le P. Bienvenu s'était acquise détermina l'autorité ecclésiastique de Fossombrone à lui confier la charge si importante et si délicate de vicaire du Saint-Office. En cette qualité, il lui arriva un fait éclatant qui mérite d'être rapporté dans tous ses détails.

Un jour, il fut contraint de faire venir en sa présence un jeune impie qui, à cause de ses terribles blasphèmes, était pour tout le peuple fidèle un sujet de scandale et d'horreur. Après tout ce qu'on a lu du P. Bienvenu, on peut aisément s'imaginer avec quelle douceur et quelle charité il lui représenta l'énormité de l'offense qu'il faisait à Dieu et l'horrible scandale qu'il donnait à ses frères. Le méchant homme n'en fut nullement touché, et, tout au contraire, pouvant à peine contenir sa rage, il s'en alla le cœur plein de fiel contre le bon Père.

Quelques jours après, ayant rencontré dans un lieu tout à fait solitaire le P. Bienvenu qui se hâtait d'aller chez un malade, il s'approcha de lui, et, avec un bâton qu'il tenait à la main, le frappa avec violence. Au premier coup le P. Bienvenu, sans faire la moindre résistance, se jeta à genoux, les mains jointes, les yeux élevés au ciel, dans l'attitude d'un martyr qui recommande à Dieu son dernier moment; mais son heure n'était pas encore venue.

Après que le sacrilége eut assouvi sa rage et pris la fuite, le Père Bienvenu se releva à grand peine. Comme il ne se sentit point grièvement blessé, il doubla le pas avec un courage héroïque et se rendit chez son malade auquel il fit les plus humbles excuses de son retard, sans rien laisser entrevoir de la tragique rencontre qu'il venait de faire.

Quels furent, ô Bienvenu, les sentiments de votre cœur au milieu de ce beau triomphe ? Ah ! sans doute, avec les apôtres vous tressailliez de joie d'avoir été trouvé digne de souffrir quelque chose pour le saint Nom de Dieu, et, ainsi que saint Etienne, vous recommandiez à la miséricorde divine l'âme de votre frère égaré qui ne savait ce qu'il faisait.

Tandis que le P. Bienvenu nageait dans la joie la plus pure, le cœur du criminel était en butte à la plus grande agitation. Privé de la paix, bourrelé par le remords, il voyait partout le glaive suspendu sur sa tête et s'imaginait à tout instant tomber entre les mains de la justice.

Quelques jours s'écoulèrent ainsi ; ne se voyant nullement poursuivi, il céda enfin à la grâce qui frappait à son cœur. Faisant un heureux retour sur lui-même, il se représenta le tendre spectacle du bon Père recevant les coups, agenouillé et priant pour lui. Il en fut touché jusqu'aux larmes ; il dit en son cœur avec l'enfant prodigue de l'Evangile : « Il faut que je me lève, que j'aille vers mon père et que je lui dise : « Mon père, j'ai péché contre le ciel et « devant vous. Je ne suis pas digne d'être appelé votre fils ; « traitez-moi comme un de vos serviteurs ». (Luc, xv, 18, 19.)

Il se leva, en effet, et, le cœur brisé par la contrition, tout à fait résolu de changer de vie, il alla se prosterner aux pieds du P. Bienvenu. Les larmes de son sincère repentir se mêlèrent avec les larmes de joie et de consolation de son excellent Père spirituel, et il se releva de terre souverainement heureux et changé en un autre homme.

Si l'on peut livrer à l'histoire un fait si touchant et si édifiant, il faut en savoir gré au pénitent lui-même qui, dans sa gratitude et sa joie débordante, ne put s'empêcher de tout révéler à des personnes amies. Quant au P. Bienvenu, dans sa profonde humilité, il aurait certainement gardé le secret sur cette aventure, qui n'aurait été connue qu'au jour du jugement universel, lorsque tout ce qu'il y a de caché sera manifesté.

Mais il était temps de proposer le P. Bienvenu pour modèle aux jeunes hommes aspirant à notre Ordre. Ce fut dans l'automne de 1844 qu'il fut installé à Osimo comme maître des novices. Il accepta cette tâche si importante dans l'esprit le plus humble, et, pour redevenir novice lui-même, comme il le dit plusieurs fois. Pendant quinze ans qu'il remplit cette charge, il donna aux novices et aux religieux les exemples les plus admirables et les plus féconds : moi-même j'ai été, et je suis encore l'heureux témoin du grand bien qu'un de ses novices, héritier de son esprit, a fait et continue à faire aux jeunes gens, l'espérance de notre Ordre. Voici les choses les plus saillantes de cette époque de la vie du P. Bienvenu.

Le premier jeudi de son nouvel office, dans la soirée, avant que les novices se retirassent pour aller se coucher, il leur dit : « Le jeudi est le jour de l'amour de Jésus-Christ, car c'est en ce jour qu'il institua la sainte Eucharistie ; mais c'est aussi le jour de ses humiliations : c'est en ce jour qu'il voulut laver les pieds à ses apôtres, qui étaient si inférieurs à lui ; c'est en ce jour qu'il sua du sang, lors de sa prière dans le jardin des Oliviers ; c'est en ce jour qu'il fut outragé, trahi, garotté et traîné devant les tribunaux ainsi qu'un criminel. En mémoire donc des humiliations du Fils de Dieu et par amour pour lui, souffrez que je vous baise les pieds ». Il dit, et se traînant à genoux devant les novices stupéfaits, il baisa les pieds de chacun d'eux avec la plus grande affection ; ils en furent touchés jusqu'à verser des larmes. Ce qu'il fit alors, il le répéta chaque jeudi avec la même ferveur.

Il n'exigeait des novices que peu de choses, mais toutes solides et nécessaires. Il visait surtout à les porter au détachement des intérêts d'ici-bas, à l'abnégation de leur volonté propre et au plein triomphe sur les passions déréglées. Son zèle pour le bien spirituel de son petit troupeau ne se sépara jamais de la prudence et de la discrétion. Il ne leur permettait pas de jeûnes longs et rigoureux, ni de rudes pénitences ; si quelqu'un des novices tombait malade, il lui prodiguait toutes sortes de soins. Il avait pour eux tous un cœur vraiment maternel.

Dans toutes les instructions et les exhortations qu'il leur faisait, il s'efforçait avec la plus grande ardeur de faire passer en eux les sentiments éminemment chrétiens dont il était rempli. Il se plaisait surtout à leur faire admirer la force surnaturelle des saints martyrs dans les plus rudes épreuves et dans les tourments les plus affreux. Tout ce qui se rapportait à Dieu et à l'Eglise était pour le P. Bienvenu d'une importance capitale : on ne pouvait s'empêcher de l'aimer et de le vénérer lorsqu'on l'entendait parler de ces choses si élevées avec tant d'énergie et avec des expressions singulières qu'il puisait au fond de son âme. C'était le langage de la charité, laquelle seule peut donner à la foi et à l'espérance une conviction inébranlable.

Le P. Bienvenu offrit aussi aux novices le spectacle de l'abnégation la plus absolue, et du plus parfait empire sur soi-même. Qu'un seul fait tienne lieu de tous les autres du même genre.

Il y eut pendant quelque temps dans son couvent un

supérieur qui, pour éprouver sa vertu, se plaisait à le mortifier souvent, non-seulement en particulier, mais aussi en public. Un jour, tandis qu'il instruisait les novices dans la chapelle du noviciat, le Père gardien entra et lui dit d'un ton sévère : « Pourquoi prêchez-vous, vous qui n'êtes qu'un ignorant, qui ne savez ni parler ni vous taire ? Ne vous apercevez-vous pas qu'à cause de votre ignorance vous courez risque de dire des sottises et de scandaliser ces pauvres jeunes gens ? Allons, laissez-là tous ces sermons que vous ne savez point faire ». A ces mots le P. Bienvenu s'arrêta tout court, baisa humblement la terre, et, ayant fait signe aux novices de se retirer dans leurs chambres, il rentra lui-même dans la sienne, le sourire aux lèvres. Quelle admirable vertu !

Que dirai-je de son esprit de mortification et de pénitence corporelle ? Il est constant qu'il dépassa de beaucoup ce qu'il s'était proposé dans son noviciat. Je ne dis rien de la perpétuelle mortification de tous ses sens, et surtout de celle du goût ; mais ceux qui le connurent pendant une longue suite d'années attestent, entre autres choses, qu'on ne lui vit jamais de souliers ni d'habits neufs, qu'on ne l'entendit jamais parler haut, et que son esprit de mortification croissait avec l'âge.

Quant à ses rudes pénitences corporelles, selon l'instinct des saints, il les cachait de tout son pouvoir ; mais ce que l'on put en découvrir nous donne déjà une idée bien haute du courage avec lequel, à l'imitation de l'Apôtre, il châtiait son corps pour le réduire en servitude.

Voici à ce sujet une scène touchante qui eut lieu en 1845 entre lui et sa mère. Celle-ci, ayant appris que le linge de son fils était constamment taché de sang, en devina la cause ; d'autant plus que des bruits relatifs à ses pénitences étaient parvenus jusqu'à elle. Une après-midi, comme il se promenait hors de la ville d'Osimo avec les novices, elle le prit un peu à l'écart et lui dit : « Mon fils, souffre que je te parle en mère encore une fois ; pourquoi en grâce verses-tu tant de sang ? pourquoi te flagelles-tu si rudement ? Je le sais et tu ne peux point le nier ; aie pitié de toi, et ne m'afflige pas ainsi. Ton linge est, m'a-t-on dit, tout ensanglanté. Qui t'oblige à hâter ainsi le moment de ta mort ? Tu pourrais faire tant de bien, et tu veux abréger tes jours ! »

Ainsi parlait cette bonne mère poussée par l'amour naturel. Mais elle avait affaire à un fils qui ne vivait que de la foi. Le P. Bienvenu lui répondit en souriant : « Ne craignez rien, ma chère mère ; le paradis est si grand et si ravissant, que les quelques peines que l'on souffre pour l'acquérir sont bien peu de chose. Et puis, je dois satisfaire à la justice divine pour tant de péchés ; et ces dettes ne faut-il pas les payer en ce monde ou en l'autre ? Quant à vous, ma mère, ne prêtez pas l'oreille à tout ce que l'on dit. Je tiens à régler ma vie de telle façon que la pénitence ne me nuise point ». Et, tout joyeux, il rejoignit ses novices.

Ce furent les novices qui découvrirent et firent connaître la guerre que le P. Bienvenu livrait à son corps. Ce sont eux qui attestèrent qu'il se flagellait avant minuit avec une discipline en corde, et après minuit avec une autre en chaînettes de fer. Ce sont eux qui virent les cilices qu'il portait sur la chair, et le petit cœur en fer avec les sept pointes qu'il comprimait fréquemment. Ce sont eux, enfin, qui s'aperçurent que, pendant le peu de sommeil qu'il ne pouvait se refuser, il tenait sous le drap de son lit des morceaux de corde ainsi qu'une grande croix en bois, et qu'il portait, cachée sous ses cheveux, une mince couronne en petites pointes de fer.

Ce courage et cette générosité, qui avaient leur source dans l'amour de Dieu dont il était embrasé, ne pouvaient pas rester sans récompense, même ici-bas ; car Dieu ne se laisse jamais vaincre en générosité. C'est là d'ailleurs ce que lui-même a promis dans l'Evangile : « Celui qui m'aime sera aimé de mon Père ; je l'aimerai aussi, et je me découvrirai à lui ». (Jean, XIV, 21.)

Si l'humilité ne lui eût pas fait déchirer les divers cahiers que l'obéissance lui avait fait écrire en 1848, on pourrait entrer ici dans beaucoup de détails fort édifiants ; mais il ne nous reste de tout cela que l'introduction, qu'il faut remercier Dieu d'avoir pu trouver après sa mort. Ce morceau, comme il résulte de ses paroles mêmes, fut écrit le lundi après le second dimanche de novembre 1848. En voici les traits principaux fidèlement traduits :

« *Récit de la vie d'un pécheur.*

« C'est sans doute par disposition divine que cette année je suis resté sans novices, afin que je commence à m'appliquer à la sanctification de moi-même. Mais voilà que mon confesseur m'ordonne d'écrire une relation de ma vie. Ceci me plonge de prime abord dans la plus grande crainte de ma damnation éternelle.

« Hier, fête du patronage de Marie, ayant été favorisé de sa présence et de celle de son divin Fils, je passai presque l'entière journée dans une oraison profonde et extraordinaire. J'espère que tout va être un baume salulaire aux plaies peut-être inguérissables de ma pauvre âme. Quoi qu'il en soit, par chaque lettre que je forme, je me propose d'offrir à Dieu cent millions d'actes de contrition, d'amour, de louange, de résignation à sa sainte volonté et de prière pour toute l'Eglise militante et souffrante.

« Selon qu'il m'a été permis, je donnerai au moins une idée des péchés sans nombre que j'ai commis, et l'on verra combien est grande la miséricorde de Dieu qui a bien voulu me conserver en vie jusqu'à ce jour.

« Je raconterai aussi de mon mieux les bienfaits et les grâces incomparables dont il m'a comblé, et l'on découvrira par là tout l'abîme de mon ingratitude envers lui, puisqu'il a suffi que ces faveurs aient été placées en moi pour qu'elles se soient trouvées de suite profondément ravalées et changées en fange d'Egypte.

« Que tout cela me soit avantageux pour trouver le chemin du salut, et pour sauver mon âme qui coûte le sang d'un Dieu.

« Esprit-Saint, éclairez-moi ; et vous tous, Saints et Bienheureux du ciel, aidez-moi de vos prières, tandis qu'en votre compagnie je me mets à l'œuvre ».

Quelle conclusion pratique faut-il tirer de tout ce chapitre qui est déjà assez long ? Que de vertus dans un seul homme ! Que toutes les personnes religieuses et dévotes tâchent d'imiter le plus qu'elles pourront sa merveilleuse obéissance, sa profonde humilité, sa mortification, son abnégation. Que tout le monde apprenne du P. Bienvenu à correspondre fidèlement à la grâce, à bien s'acquitter de tous les devoirs de son état, à acquérir enfin un parfait empire sur soi-même et sur ses propres passions.

CHAPITRE IV.

Le P. Bienvenu dans ses rapports avec sa famille.

Il n'est pas rare d'entendre dire parmi les chrétiens de nos jours que la vie religieuse étouffe les sentiments naturels envers les parents et les proches. Rien cependant n'est plus contraire à la vérité et à l'esprit du christianisme.

Comme la grâce de Jésus-Christ élève les bonnes œuvres du chrétien à un ordre et à un mérite surnaturel, de même la charité, qui est pour tout chrétien la plus stricte des obligations, élève, ennoblit et divinise, pour ainsi dire, l'amour naturel envers le prochain et envers la famille.

Le religieux n'est au fond qu'un vrai chrétien. Entre lui et un véritable chrétien du monde il n'y a qu'une seule différence : c'est que le religieux, par la profession des conseils évangéliques, s'engage à vivre effectivement détaché de toutes les choses d'ici-bas ; tandis que le vrai chrétien, qui vit dans le monde, n'est tenu qu'à un détachement affectif, lequel exclut toute affection déréglée.

Le vrai religieux aime donc ses parents et ses proches, et il les aime d'autant plus parfaitement qu'il se trouve placé dans un état de plus grande perfection. Le bon religieux embrasse tous les jours, au pied des autels, *chaque membre* de sa famille ; il ne cesse jamais de leur souhaiter près de Dieu mille bénédictions, et pendant toute sa vie il ne leur donne que des consolations.

Il est vrai que le bon religieux ne se mêle plus habituellement aux intérêts temporels de sa famille, car c'est là précisément son obligation ; mais dans le cas d'une grave et impérieuse nécessité, sans manquer à ses serments, il sait bien s'imposer de grands sacrifices.

C'est parce qu'il aime beaucoup ses parents et ses proches que le bon religieux souffre infiniment quand il voit des membres de sa famille s'égarer en quoi que ce soit hors du bon chemin ; tandis qu'au contraire il n'est jamais si heureux que lorsqu'il les voit suivre la bonne route, et qu'il peut librement les éclairer, les conseiller, les diriger dans la voie du salut éternel, qui est l'unique chose absolument nécessaire.

Ce bonheur ne manqua point au P. Bienvenu, et il put faire à sa famille un grand bien spirituel. Ses parents, ses frères et ses sœurs, toutes les fois qu'ils le voyaient, étaient sûrs de l'entendre parler des choses de l'âme et de l'éternité, et ils en faisaient leur profit.

Lors du magnifique triomphe qu'il remporta sur lui-même, à l'occasion de la visite que lui fit son père, le P. Bienvenu eut déjà l'immense consolation d'apprendre que son frère Joseph était entré comme convers chez les Oratoriens de Sant'Elpidio al Mare, et que sa sœur Marie désirait ardemment entrer en religion.

Son père étant tombé malade dans les premiers jours de décembre 1831, il le visitait souvent et le consolait par les trésors de la piété filiale et de la charité chrétienne. La maladie faisant de rapides progrès, ses visites devinrent encore plus fréquentes : il faisait pour son cher malade des prières continuelles, et il l'exhortait puissamment à l'amour de Dieu et à la sainte résignation. Le 24 décembre fut le dernier jour de la vie mortelle de son père. L'ayant déjà fait munir de toutes les consolations de la religion, il recueillit son dernier soupir ; puis, au même instant, il protégea par ses prières devant le Juge éternel l'âme de celui qui lui avait donné la vie. Il trouva aussi dans la vigueur de sa foi les motifs les plus puissants pour alléger la douleur de sa mère et de ses frères.

Quant à sa mère, le bon Dieu assignait au P. Bienvenu des soins plus longs et plus importants. Il devait, pour ainsi dire, faire mûrir pour le ciel les vertus dont elle était ornée, et cela de la manière la plus intime.

Trois ans environ après la mort de son mari, elle voulut se mettre sous la direction spirituelle de son propre fils. Quel zèle ne dut-il pas employer pour la faire avancer à grands pas dans le chemin de la perfection ! Oui, assurément, le **P**. Bienvenu rendit à sa mère avec usure ce qu'il en avait reçu : elle ne lui avait donné qu'un corps mortel ; lui, il se dévoua à lui assurer l'immortalité bienheureuse de l'âme et du corps.

En 1855, à la suite d'une forte maladie, elle perdit la vue. Pendant les dix années qu'elle vécut encore en cet état si digne de pitié, le P. Bienvenu allait la voir de temps à autre, remplissant son âme de toutes ces suaves émotions dont le secret n'appartient qu'à la religion catholique romaine. Cette femme avait toujours été sincèrement chrétienne, et, à mesure que la vie naturelle s'épuisait en elle, sa vie surnaturelle se fortifiait de plus en plus par la dévote fréquentation des Sacrements. Ce fut le 15 décembre 1865 que cette excellente mère laissa orphelin sur la terre le plus aimant des fils, désireux d'aller la rejoindre dans le sein de Dieu. Heureuse mère et plus heureux fils ! que votre sort est digne d'envie !

Voyons maintenant ce que le P. Bienvenu fit avec le plus grand succès pour sa sœur Marie. Ravi de la résolution qu'elle avait prise d'être religieuse, il n'omit rien de ce qui était propre à la préparer à un si haut état. Comme il désirait qu'elle fût religieuse de chœur, il eut soin de la faire instruire dans la langue latine. Après bien des démarches, il parvint à la faire accepter chez les Bénédictines de Mondavio, petite ville des Etats de l'Eglise, concourant, lui aussi, à la doter, avec la permission de ses supérieurs.

Ce fut le 14 janvier 1842 que cette bonne et pieuse fille quitta ses parents et sa patrie pour s'enfermer à jamais dans ce cloître, où Dieu voulait lui donner l'avant-goût du paradis. Après seize mois de probation elle prit l'habit, le 17 mai 1843 ; et ayant fait son noviciat avec une grande ferveur d'esprit, on l'admit à la profession solennelle le 19 mai 1844. En cette circonstance elle pria son vénérable frère de vouloir bien lui donner une méthode de vie religieuse et parfaite.

Le P. Bienvenu adhéra de tout son cœur au saint désir de sa sœur. Il écrivit pour elle une belle méthode qui sera sans doute fort utile, non-seulement aux personnes consacrées à Dieu dans les couvents et dans les monastères, mais aussi à peu de choses près, à tout chrétien qui veut être vraiment pieux et dévot.

En voici le fidèle précis :

MÉTHODE DE VIE RELIGIEUSE.

La perfection chrétienne a des degrés : on peut les réduire à vingt ; les voici :

1° La perfection elle-même ; elle doit être votre désir continuel.

« Que ce désir croisse chaque jour, sans vous laisser jamais décourager. Le matin, quand vous vous levez, priez le Seigneur qu'il vous revête de toutes les vertus, et qu'il vous aide à faire bon usage de tout votre temps. Puis prosternez-vous devant le crucifix ou devant le Saint-Sacrement, et faites des actes d'adoration, d'action de grâces, d'humilité et de dévouement à son service. Priez-le qu'il dirige lui-même vos pas dans les sentiers de la perfection ».

2° L'observance de la Règle ; elle en est le chemin.

« Il faut que vous pratiquiez la Règle exactement et promptement. Considérez le son de la cloche comme la voix de Dieu. On ne saurait être bon chrétien sans l'observation de toute loi : de même on ne peut être bon religieux sans l'observance de toute la Règle.

« Le vœu d'obéissance exige de vous un entier renoncement à votre volonté propre ; le vœu de pauvreté vous ôte toute propriété et ne vous laisse que le simple usage des choses nécessaires ; quant au vœu de chasteté, qu'aucune précaution ne vous paraisse de trop. Gardez surtout votre langue, afin qu'elle ne se prête jamais à des discours mondains, et votre cœur pour qu'il ne se laisse dominer par aucune affection sensible.

3° L'amour de Dieu ; il en est le motif.

« L'amour de Dieu est le bien de la perfection et il en est aussi la mesure. Ayez un grand désir d'aimer Dieu, car il se plaît tellement aux saints et ardents désirs, qu'il les tient comme des faits accomplis. Mais ces désirs doivent être accompagnés d'une forte résolution de faire tout ce qui dépend de vous pour lui être agréable, en vous tenant toujours, ainsi que sainte Thérèse, dans la disposition de perdre tout, jusqu'à la vie, plutôt que de lui déplaire. Faites souvent des actes d'amour envers Dieu, et, quoique ce soit une bonne chose de l'aimer par gratitude, accoutumez-vous à l'aimer uniquement pour lui-même.

« Méditez fréquemment ses perfections infinies, et souvenez-vous que Dieu est jaloux, et que dans un cœur consacré à lui il ne saurait tolérer des affections qui ne tendent pas à lui. Si vous aimez à penser à lui, à parler de lui et à entendre parler de lui, vous connaîtrez par là que vous l'aimez.

4° La gloire de Dieu ; elle en est le but.

« La gloire de Dieu doit être le but unique de toutes vos actions, soit de précepte, soit de surérogation ; il vous faut donc livrer une guerre incessante à l'amour propre qui est le plus grand obstacle à l'amour de Dieu et le grand usurpateur de sa gloire. Pour y mieux réussir ne dites ni ne faites jamais aucune chose que vous ne puissiez offrir à Dieu.

5° La volonté de Dieu ; elle en est la règle.

« Vous devez reconnaître la volonté de Dieu dans celle de tous vos supérieurs, et même dans celle de qui que ce soit, pourvu qu'il n'y ait rien de contraire à ce que Dieu veut. Vous savez que tout arrive par la volonté de Dieu, hors le péché, et qu'il dirige tout à sa gloire et à notre plus grand avantage. Louez-le donc et bénissez-le dans les maladies et dans l'aridité, aussi bien que dans la santé et dans les consolations, tâchant d'être toujours gaie, contente et d'une humeur égale. Répétez fréquemment : « Seigneur, que votre volonté se fasse toujours et « en toutes choses ! ».

6° La grâce de Dieu ; elle en est la séve.

« C'est un dogme de foi que la grâce est tout à fait nécessaire pour le commencement, pour la continuation et pour l'accomplissement de tout bien, dans l'ordre du salut. N'attribuez donc qu'à Dieu seul tout ce qu'il peut y avoir de bon en vous, bien persuadée que sans l'assistance continuelle de sa grâce vous tomberiez en mille défauts. Tâchez de vous pénétrer du grand besoin que vous avez de ses saintes inspirations, des bons exemples et de la correction.

7° La confiance en Dieu ; elle en est l'âme.

« Quelques obstacles que vous puissiez rencontrer sur le chemin que vous avez entrepris, ne vous abattez point, et ne vous désistez jamais des pratiques pieuses et de l'exercice des vertus. Bien convaincue que Dieu veut et **peut** subvenir à tous vos besoins, ne vous défiez jamais de lui, mais seulement de vous-même et des hommes, prenant courage au milieu de toutes les tribulations intérieures et extérieures. Soyez assurée que, lorsque votre divin Epoux vous semble le plus éloigné de vous, il en est alors plus près que jamais, et se réjouit de vos soupirs et de votre constance.

8° La présence de Dieu ; elle en est l'aiguillon.

« Quel puissant moyen que la présence de Dieu pour arriver bien vite à la perfection ! Dieu est toujours avec vous en tout endroit ; il est en vous comme sur un trône de majesté et d'amour. Sachant et songeant que Dieu est présent pourra-t-on l'offenser ? Ou plutôt pourra-t-on s'empêcher de faire en sa présence ce qui est le plus parfait ? Ayez-le donc toujours présent à l'esprit, et considérez-le tour à tour comme créateur, conservateur, rédempteur et bienfaiteur ; en songeant tantôt à sa gloire, à son amour, à sa providence ; tantôt à sa sainteté, à son immensité, à sa justice.

9° L'obéissance ; elle en est le guide assuré.

« Ceux qui se laissent guider entièrement par l'obéissance parviennent très-vite et fort aisément à l'union avec Dieu. Souvenez-vous toujours que vous avez renoncé à votre volonté propre, et que vous en avez fait holocauste à Dieu dans les mains de vos supérieurs, auxquels Dieu lui-même a dit dans l'Evangile : « Celui qui vous écoute « m'écoute ». (Luc, x, 16.) Obéissez donc promptement, aveuglément et joyeusement, même dans les choses les plus petites.

10° *L'humilité ; elle en est le fondement.*

« Plus le fondement de l'humilité sera profond, plus haut sera l'édifice spirituel. L'humilité consiste dans une opinion très-basse de soi-même, et dans la persuasion d'être inférieur aux autres en toutes choses, ne se jugeant digne que de mépris. Pour l'acquérir, songez souvent à votre néant ; ne dites ni ne faites jamais rien pour l'estime et pour la gloire humaine ; n'acceptez que par obéissance les honneurs et les emplois importants ; ne vous justifiez point, lors même qu'on vous accuserait à tort, si ce n'est pour éviter le scandale, ou pour soutenir les intérêts de Dieu ; ne condamnez jamais vos sœurs pour ce qu'elles disent ou ce qu'elles font, excepté le cas de péché manifeste ; tâchez enfin non-seulement de supporter patiemment les mépris et les calomnies, mais aussi de vous en réjouir dans le Seigneur.

11° *L'exercice des vertus ; voilà le corps de l'édifice.*

« Cet exercice doit être non-seulement universel, mais aussi continuel, tenant pour perdu le jour où vous n'ajouteriez pas quelques pierres à l'édifice. Celui qui ne tâche point d'acquérir toutes les vertus, dit saint Bernardin, n'en possédera réellement aucune.

La vertu est une sainte habitude acquise par la répétition des actes vertueux ; il faut donc combattre vaillamment et renverser tous les obstacles que l'on rencontre ; il faut s'exercer dans toutes les vertus, tout en visant d'une manière spéciale à une seule à la fois. Je voudrais que vous choisissiez d'abord celle qui est le plus opposée à votre vice dominant. Mais que tout cela se fasse avec confiance et persévérance, sans jamais perdre courage, et ne songeant qu'à la grâce divine qui vous soutient et vous fortifie.

12° *La prière ; elle en est le support.*

« L'oraison est le principe, le progrès, le tout de la perfection ; sans elle aucun profit à espérer, aucune sainteté à acquérir. Il vous faut la faire avec un saint empressement et avec constance, ne cessant jamais de vous y appuyer.

« Surtout dans une religieuse la prière doit être continuelle ; ne l'abandonnez donc jamais sous quelque prétexte que ce soit ; entretenez-vous le plus possible avec votre divin Epoux, même, au milieu de vos occupations journalières par d'ardentes aspirations ; parlez-lui toujours dans votre cœur par des actes de louange, d'amour, de repentir, et demandez-lui avec la plus grande confiance les grâces dont vous avez besoin, ne cherchant après tout que lui seul, et non pas ses consolations.

13° *La mortification ; elle en est le rempart.*

« Vous ne pourrez jamais être véritablement disciple de Jésus-Christ sans l'abnégation. Rappelez-vous toujours ces paroles de Notre-Seigneur : « Si quelqu'un veut venir « après moi, qu'il renonce à soi-même ». (Luc, ix, 23.) Cette abnégation ne dépend ni du temps, ni de l'occasion, ni de la permission. Elle consiste à contrarier tous ses propres appétits et toutes ses propres idées, à s'en remettre plutôt au jugement des autres, surtout à celui de ses supérieurs.

« La mortification extérieure consiste à ne rechercher jamais les délicatesses, et à mortifier ses sens, spécialement les yeux par la modestie, la langue par le silence, et l'ouïe en n'écoutant que les choses de Dieu et de son propre office. Elle consiste aussi à traiter rudement son corps, mais seulement sous la direction de l'obéissance.

14° La fréquentation des sacrements ;
en voilà les instruments.

« On ne saurait obtenir un but sans prendre les moyens propres à y conduire. Pour la perfection les principaux moyens sont la confession et la communion.

« Quant à la confession, tenez-vous-en à l'usage de la communauté, et soyez brève, ne parlant que de vos besoins spirituels.

« Pour ce qui est de la sainte communion, envisagez-la toujours comme l'action la plus grande que vous puissiez faire, et comme celle qui est la plus agréable à Dieu. Désirez sans cesse communier ; faites plusieurs fois par jour la communion spirituelle ; vivez toujours préparée à vous approcher de la sainte Table, évitant jusqu'aux plus petites fautes ; recevez la divine Eucharistie toutes les fois que votre confesseur vous le permettra, mais que ce soit toujours avec une grande foi, un respect suprême et un ardent amour. Ne laissez jamais la communion pour des scrupules, ou pour des doutes, mais remettez-vous-en au jugement de votre confesseur, ou à l'avis de votre supérieure.

« Après la communion entretenez-vous avec Jésus le plus longtemps possible, et priez plutôt du cœur que de la bouche. Souvenez-vous que c'est là le temps le plus favorable pour obtenir de Dieu toute sorte de grâces.

15° Le silence ; il en est le gardien.

« Si vous voulez vous garder de tout défaut volontaire et vous tenir toujours unie à votre divin Epoux, chérissez

le silence ; c'est en vous y tenant très-exactement **que**
Dieu ne cessera de vous parler au cœur, et vous deviendrez bientôt parfaite. Observez le silence, non-seulement
dans le temps prescrit par la Règle, mais en tout temps
et en toute circonstance. Quand l'obéissance et la charité
vous obligeront à parler, que ce soit toujours d'un ton
bas. Que vos discours ne roulent jamais sur des choses
mondaines qui ne conviennent qu'aux séculiers. Ne racontez point les défauts d'autrui, bien qu'ils soient connus,
mais accusez-vous plutôt vous-même. Ne parlez jamais **des**
intérêts du couvent, si ce n'est pour votre office ou pour
répondre à vos supérieurs.

16° *L'amour du prochain ; il en est la preuve.*

« Comme la perfection consiste dans la charité, vous
connaîtrez que vous aimez Dieu, si vous aimez votre prochain en lui et pour lui. La dilection envers le prochain
étant la même vertu de charité par laquelle on aime Dieu,
il faut qu'en aimant le prochain vous n'ayez d'autre but
que l'amour de Dieu. Tâchez d'aimer toutes vos sœurs
d'un égal amour, vous gardant soigneusement de toute
affection particulière. Ne vous souvenez point des offenses
que l'on pourra vous faire. Soyez, pour ainsi dire, la
servante de toutes, même des Sœurs converses, en leur
rendant tous les services que vous pourrez.

17° *Le détachement de la terre ; il en est la marque.*

« Vous êtes déjà détachée de la terre par votre entrée
en Religion, et tout spécialement par le vœu de pauvreté.
Soyez donc exacte jusqu'au scrupule à observer ce vœu,
non-seulement ne disposant de rien, mais n'ayant aucun
désir des choses temporelles, ni aucun **attachement pour**

elles. Soyez contente de ce que l'on vous donne pour votre usage actuel, ne vous plaignant point, si vous veniez à manquer de quelque chose que vous jugeriez nécessaire.

18° *Le souvenir de la Passion du Seigneur ; voilà l'encouragement de l'œuvre.*

« Saint Augustin nous assure que dans le souvenir de la Passion de Jésus on a le plus fort bouclier, l'arme la plus sûre et la plus puissante, contre nos ennemis acharnés. Que le crucifix soit donc comme un livre toujours ouvert devant vous ; vous y lirez toutes les vertus qu'il vous faut acquérir et pratiquer, et vous y puiserez sans cesse le courage nécessaire pour parcourir les sentiers de la perfection.

Pour votre plus grand profit, partagez entre les jours de la semaine les mystères de la Passion. Le dimanche, l'oraison dans le jardin des Oliviers ; le lundi, la trahison de Judas, la capture de Jésus, la fuite des apôtres et les quatre tribunaux ; le mardi, la flagellation ; le mercredi, le couronnement d'épines ; le jeudi, Jésus gravissant la colline du Calvaire ; le vendredi, son crucifiement ; le samedi, la sépulture de Jésus et la compassion de la sainte Vierge ; et, comme la sainte messe nous engage à célébrer la mémoire de la Passion du Sauveur, tâchez de l'entendre suivant l'ordre de ces méditations.

19°. *La dévotion envers la sainte Vierge ; elle en est l'assurance.*

« Tous les saints ont honoré beaucoup la sainte Vierge, et par cette dévotion ils se sont sanctifiés. Dès votre enfance, vous avez eu cette belle dévotion, mais faites-la croître de plus en plus. En quoi consiste-t-elle? Elle consiste dans un grand amour pour Marie, et dans une ferme confiance en sa protection. Regardez donc Marie, comme la plus tendre et la plus affectueuse des mères et imitez ses vertus, notamment l'humilité, la pureté, l'obéissance, la patience. Après Jésus, aimez la sainte Vierge par-dessus toutes choses; préparez-vous à ses fêtes par des pratiques pieuses, mais surtout par des actes d'abnégation. Chaque matin, réfugiez-vous sous son manteau et intéressez-la à vouloir bien garder elle-même tout ce qu'il y a de bon en vous.

20° La pureté d'intention ; en voilà l'accomplissement.

« La pureté d'intention consiste à ne viser qu'à Dieu, à sa gloire, à son amour, dans toutes vos pensées, vos paroles et vos actions, n'ayant jamais d'autre but que de plaire à Dieu. Que l'amour de Dieu, que sa gloire, que sa présence, que sa grâce, soient votre nourriture, votre tout, et vous serez parfaite.

« Par amour pour Jésus-Christ, soyez constante et inébranlable dans les résolutions que vous venez de prendre. Dieu est si bon en lui-même, et il a été si généreux envers vous , qu'il ne mérite nullement que vous lui manquiez de parole.

« Souvenez-vous sans cesse qu'il tient préparé dans le ciel une magnifique couronne de gloire pour tous ceux qui lui auront été fidèles jusqu'à la mort. Vivez en Jésus et que Jésus vive en vous ».

Voilà ce qu'écrivit ce saint frère pour sa sœur Marie. Ce ne furent point là des paroles jetées en l'air ; le bon grain tomba dans la meilleure terre et porta du fruit au centuple. Nous en avons une preuve dans ce que la supérieure du couvent écrivait au P. Bienvenu, en lui annonçant que sa sœur était morte, le 21 novembre 1865.

Je n'en détache que ce peu de mots : « A l'approche de la mort, ses pensées, ses sentiments étaient, comme ils le furent toujours, les sentiments d'une vraie épouse de Jésus-Christ. Après lui avoir été toujours fidèle et avoir tâché de ne plaire qu'à lui seul dans cette vie d'épreuves, elle attendait avec joie le moment de voler dans ses bras aux noces éternelles du paradis. Cette communauté se souviendra toujours d'elle ; car elle fut un vivant miroir d'observance religieuse et de l'amour le plus ardent envers la divine Eucharistie. Pour ces rares vertus je ne doute aucunement que le bon Dieu ne l'ait accueillie dans son sein ».

Le cœur du P. Bienvenu tressaillit sans doute de la joie la plus pure, en lisant ces lignes, et il dut saluer avec bonheur le triomphe de sa sœur bien-aimée.

Après tout ce qui vient d'être rapporté de la sollicitude que le P. Bienvenu témoigna sans cesse à tous les membres de sa famille, qui pourrait douter des ferventes prières qu'il dut faire à Dieu pour le repos éternel des âmes de son père, de sa mère, de sa sœur ? On peut bien croire pieusement qu'il les a tout à fait délivrées des peines du purgatoire et introduites au ciel. Voici un petit trait d'où l'on découvre jusqu'à quel point il était dévoué aux intérêts de l'Eglise souffrante. Interrogé un jour par un de ses pénitents si l'on pouvait céder aux âmes du purgatoire toutes ses propres satisfactions, le P. Bienvenu répondit d'un ton extrêmement chaleureux et expressif: «Eh quoi ! pourriez-vous en douter un seul instant? Moi, pour ces chères âmes, je me laisserais écorcher tout vif ».

Que faut-il conclure de tout ce que le P. Bienvenu fit pour assurer le sort éternel de son père, de sa mère, de sa sœur ? Il faut en conclure que la plus étroite obligation des chrétiens vis-à-vis de leurs parents et de leurs proches est de faire tous leurs efforts pour qu'ils partent de ce monde en état de grâce et munis des saints sacrements, et de les soulager après leur mort par tous les moyens qui sont en leur pouvoir. C'est déjà un grand crime pour les fils de laisser mourir leurs parents sans sacrements, sous le faux prétexte qu'ils n'ont pas le courage de les troubler ; mais les paroles me manquent pour exprimer selon la vérité l'inqualifiable cruauté de tous ceux qui, sous quelque prétexte que ce soit, empêchent leurs moribonds de voir un prêtre et de recevoir les consolations de la religion. Malheur à ceux qui s'en rendent coupables ; car il faut bien se persuader que les monstrueux principes de l'incrédulité moderne ne sauraient changer en aucune manière la réalité des destinées éternelles de l'homme.

Quelle joie ineffable pour les parents du P. Bienvenu de se voir sauvés en la compagnie de leurs enfants ! Peut-on en imaginer une plus grande ? Voilà quelle doit être l'unique ambition de tous les chrétiens, des parents, des fils, des frères, des amis : s'assurer l'union éternelle dans la gloire par une vie parfaitement chrétienne. Dans l'éternité, Dieu ne nous tiendra compte que de cela, et tous les méchants, soit quant aux mœurs, soit quant aux faux principes professés, seront inexorablement séparés d'avec les justes, sans aucun égard aux talents, aux dignités, aux liens de parenté. C'est le Juge éternel lui-même qui nous l'assure dans l'Evangile : « On séparera les méchants d'avec les justes. Les méchants iront dans le supplice éternel, et les justes dans la vie éternelle ». (Matth., XIII, 49 ; XXV, 32, 46.)

CHAPITRE V.

Le Père Bienvenu après la suppression de son couvent. — Sa mort.

Oh ! qu'ils sont profonds et souverainement admirables les desseins de Dieu sur ses élus ! Lorsque saint Paul nous dit que tout ce que Dieu dispose ou permet ici-bas tourne en définitive au plus grand bien de tous ceux qui l'aiment, il ne fait qu'exposer une vérité historique la plus constante et la plus frappante. Qui aurait pu s'imaginer que ce serait sous l'empire de la révolution que la sainteté du P. Bienvenu recevrait son dernier perfectionnement ? Il en a été précisément ainsi, et je vais l'exposer par une narration rapide.

Questionné en 1849, lors de la folle et éphémère république romaine, sur ce qu'il ferait dans le cas d'une suppression, le P. Bienvenu, dans sa foi vive et sa profonde humilité, répondit : « Je me tiendrais tranquille, et je serais content de la manière dont Dieu me traiterait, persuadé de ne pas mériter mieux. Je chercherais une solitude, une forêt, où pouvoir bâtir une petite chapelle pour y dire la messe et servir Dieu de mon mieux, me cachant aux yeux de tous ; car je sais que je ne suis pas digne de demeurer parmi les hommes ». Mais Dieu s'était réservé d'exalter l'humilité de son serviteur.

Depuis cette époque il répétait souvent qu'il voyait sur l'Italie un horizon très-sombre, ce que je tiens d'un témoin auriculaire très-digne de foi, auquel je suis beaucoup redevable. Ses paroles devinrent encore plus claires et plus explicites en 1859 et en 1860, lorsque le Piémont envahit les Légations d'abord, puis les Marches et l'Ombrie. Le P. Bienvenu prévit alors, avec toute précision, les grands maux que cette invasion sacrilége allait enfanter, savoir :

la perversion de tant d'âmes, la persécution de l'Eglise, la spoliation du clergé, la dispersion des communautés religieuses. A cette triste perspective le cœur lui saignait ; il se prosternait devant Dieu ; il s'offrait à lui comme une victime volontaire pour l'apaiser ; il s'humiliait de plus en plus, reconnaissant le fléau céleste comme une juste punition de ses péchés.

Néanmoins il ne perdit jamais la paix et la tranquillité d'esprit ; aussi, dans sa forte résignation aux décrets de Dieu, trouvait-il de quoi soutenir le courage abattu de ses frères. Il leur disait parfois : « Ils pourront nous chasser d'ici, mais ils ne pourront pas nous arracher du Cœur de Jésus-Christ et de son amour ; cet amour n'est pas lié aux murs du couvent. Tenons-nous attachés à la Règle, et nous pourrons être saints partout. Souvenons-nous des premiers chrétiens tels que l'Apôtre nous les décrit, tentés, errant çà et là, vêtus de peaux de brebis et de chèvres, pauvres affligés, maltraités, vivant retirés dans les déserts, sur les montagnes, dans les antres et dans les cavernes de la terre. (Hébr., XI, 37, 38.) Imitons leur soumission et leur patience, et Dieu sera avec nous, comme il fut avec eux. Oui, oui, Dieu est avec nous si nous ne le perdons jamais de vue. Courage, courage, la vie est très-courte, et, après quelques jours de souffrance, nous nous réjouirons pendant toute l'éternité ». Ainsi parlait ce saint homme.

L'orage qu'il prévoyait ne tarda pas à éclater. La révolution se hâta de promulguer dans les provinces envahies le barbare décret de suppression des communautés religieuses et d'incamération ou confiscation de tous leurs biens, en dépit des lois divines et ecclésiastiques et avec une lésion manifeste du droit de propriété. L'arrêt de suppression fut signé le 3 janvier 1861, bien que l'expulsion réelle des religieux de leurs paisibles demeures n'ait eu lieu que le 18 décembre. On ne laissa dans notre couvent d'Osimo que deux religieux, pour le service de la basilique de Saint-Joseph de Copertino ; l'un d'eux fut le P. Bienvenu.

N'ayant plus de novices à diriger ni d'exercices communs à suivre, il se dévoua entièrement au bien spirituel des fidèles. Désormais le P. Bienvenu ne vivra que pour les autres, se faisant tout à tous selon la parole et l'exemple du grand Apôtre. S'étant offert de lui-même à tous les curés de la ville, il passait très-souvent les nuits entières près des malades et des moribonds, les consolant de mille façons et donnant à tous l'exemple de la plus grande charité, humilité, mortification et patience. Que de fois on le rencontra, au cœur de l'été, le chapeau à la main, se hâtant, suant, tout essoufflé, prenant les chemins les plus courts, traversant les haies, grimpant sur les rochers pour gagner du temps et pour apporter à un plus grand nombre de personnes la parole de paix et de consolation ! Que de fois on le vit, dans le fort de l'hiver, marcher dans la neige à toute heure du jour et de la nuit, bravant la violence des vents et des ouragans, et montrant à tout le monde que la pluie, la neige et la gelée ne pouvaient point diminuer les ardeurs de la charité dont il était enflammé !

Sa charité était tout à fait désintéressée ; si quelqu'un pensait à récompenser en quelque façon son infatigable activité, c'était la plus grande injure qu'on pût lui faire. Il refusait tout don avec une sainte indignation, déclarant que c'était de Dieu, et non pas des hommes, qu'il attendait la rémunération du peu de bien qu'il faisait. Encore se disait-il obligé à agir de la sorte, pour ne pas s'exposer à entendre un jour cette sentence du Juge éternel : « Vous avez reçu votre récompense ».

Le P. Bienvenu eut aussi à exercer son zèle pour la

sanctification de religieuses de diverses communautés. Elles étaient ravies de sa grande charité, de sa prudence, de sa discrétion et de la solidité de sa doctrine ; de là l'empressement qu'elles montrèrent pour obtenir le P. Bienvenu comme confesseur extraordinaire, ou tout au moins pour avoir avec lui de pieux entretiens. Plusieurs religieuses eurent même recours par écrit aux lumières de cet homme de Dieu ; et il les instruisait et les consolait avec le plus saint dévouement. On a bon nombre des lettres spirituelles qu'il leur adressait. En voici une qui va sans doute consoler et encourager bien des âmes pieuses et dévotes. C'est la réponse qu'il fit à une religieuse qui, étant malade depuis longtemps et en proie aux plus grandes peines de l'esprit, lui demandait des conseils :

« Ma Sœur en Jésus-Christ,

« Je prie le bon Dieu qu'il vous console dans vos afflictions ; mais cependant soyez sûre que les peines ne vous feront jamais défaut en cette vallée de larmes. Offrez d'avance au Seigneur ces peines, et quand elles viendront ce sera pour vous un immense profit de vous rappeler tout ce qu'ont souffert Jésus, Marie et les Saints.

« Il suffit que vous vous gardiez de toute faute volontaire ; quant au reste, humiliez-vous le plus possible, et repentez-vous en général de tous vos péchés, tels qu'ils sont devant Dieu. Faites beaucoup d'actes de résignation, d'amour, de renouvellement de vie et autres semblables. Ma fille, plus vous vous voyez misérable, plus vous devez faire, avec l'aide de Dieu, de grands actes de vertu.

« Que vous éprouviez tant de peine de ce que vous ne pouvez pas faire le bien comme les autres, spécialement dans les solennités, etc., moi, je l'appelle folie. A Jésus suffit la bonne volonté, quand dans le fait on ne peut mieux. Ayez donc une grande bonne volonté, et vous ferez beaucoup plus de bien que vos Sœurs. Toute notre perfection ne consiste-t-elle pas à nous résigner et à nous laisser guider par Dieu. Soyez donc contente en quelque état que vous vous trouviez.

« C'est assez que vous fassiez toujours le peu de bien que vous pouvez aisément dans les circonstances où vous êtes, ne fût-ce que souffrir, dormir, respirer. De la sorte vous avez le mérite du bien que font vos Sœurs ; car vous en avez la bonne intention, et, de plus, vous avez celui de ne pas faire votre volonté, ce que l'on doit estimer par-dessus tout. Oui, vraiment, il vaut mieux reprendre haleine pour faire la volonté de Dieu, que réciter tous les Psaumes par sa volonté propre.

« Que vous soyez plus ou moins malade, plus ou moins tranquille, dans la plus sombre mélancolie ou dans la paix du paradis, aimez à chaque moment votre divin Epoux. Ne cherchez pas même à vous enquérir de l'issue de votre maladie, mais vivez jour par jour, heure par heure, plaçant toute votre espérance dans le Sacré-Cœur de Jésus ; soit que vous viviez, ou que vous mouriez, que tout soit pour accomplir la volonté de Dieu. Voilà le secret de plaire à Dieu toujours davantage, d'être assez contente ici-bas et d'amasser de grands trésors pour le ciel.

« Acceptez la croix telle que Dieu vous l'envoie, et non pas comme vous la voudriez vous-même. Jésus embrassa sa croix sans dire : Elle est trop grande, elle est trop petite ; agissez de la même manière, et vous pourrez expier en ce monde tous vos péchés.

« Sanctifiez-vous par les moyens que vous avez : commencez à le faire dès ce moment, puis recommencez chaque jour, afin de le faire toujours de mieux en mieux, mais le tout avec une grande humilité et une vive con-

fiance. Recommandez-vous à Jésus, et laissez-vous façon-
ner par lui, comme de la terre molle dans les mains d'un
potier.

« En attendant, je vous laisse dans la plaie de son
Sacré-Cœur.

« Votre serviteur et frère en Jésus-Christ. ».

Voilà vraiment une vive expression des sentiments les
plus intimes de l'âme du P. Bienvenu. C'était le cœur qui
parlait au cœur. Aussi la confiance que plusieurs de ces
religieuses avaient en ses prières fut-elle récompensée
par des grâces extraordinaires, comme on va bientôt
le voir.

Ce fut en 1865 que le P. Bienvenu déploya encore
davantage toute la générosité de son zèle. En cette année, la
ville d'Osimo fut de nouveau visitée par le terrible fléau du
choléra-morbus. Afin d'apaiser la colère de Dieu, on tint
chaque jour exposé à la vénération publique le corps du
Thaumaturge de Copertino. La ville était dans la consternation et dans le deuil ; on n'entendait de toutes parts
que des soupirs et des gémissements, et les larmes cou-
laient abondantes au pied des autels. Le P. Bienvenu
n'avait aucune crainte, et il fit preuve du plus grand
courage et du plus complet dévouement. Au premier bruit
que quelqu'un était atteint du mal, il volait à son secours,
lui administrait les sacrements et lui prodiguait toute
sorte d'assistance. Lors même que les membres de la
famille, maîtrisés par la peur, se tenaient éloignés des
malades, le P. Bienvenu, comme un soldat fidèle et généreux, restait à son poste jusqu'à ce qu'il eût épuisé toutes
les ressources de la charité. Pendant les trois mois que
la contagion dura, on l'appela sans relâche à toute heure
et de tous côtés ; et, quoique exténué et presque accablé,

il ne savait se refuser à personne, se reprochant parfois, comme si c'était sa faute, de ne pouvoir arriver partout en même temps. Ce n'est que la religion catholique qui produit de tels héros de la charité ; qui pourrait jamais le révoquer en doute ?

Mais la révolution ne laissa pas longtemps le P. Bienvenu tranquille dans un coin du couvent. En 1866, s'étant refusé, comme catholique et comme sujet du Souverain Pontife, à recevoir le serment des soldats qui se rendaient au camp contre l'Autriche, on le contraignit de quitter tout à fait le couvent, ne lui laissant que trois heures pour tout délai. Comme c'était un lundi matin, le P. Bienvenu sortit sur-le-champ et alla célébrer la messe dans l'église de la Trinité ; car les envahisseurs avaient en même temps défendu à lui et à tous nos religieux de desservir la basilique en quoi que ce fût.

Tandis qu'il offrait pour tout le monde le grand sacrifice de propitiation, la Providence veillait sur son fidèle serviteur, qui n'avait rien perdu de sa tranquillité et de son recueillement. La triste nouvelle de ce qui venait d'arriver s'étant répandue avec la rapidité de l'éclair, le vaillant curé de la paroisse de Saint-Barthélemy, dom Louis Renzi, se hâta d'offrir au P. Bienvenu l'hospitalité la plus cordiale dans son presbytère.

Dès ce jour, la petite église de Saint-Barthélemy changea complétement d'aspect, et, tandis qu'auparavant on la fermait presque toujours après la messe du curé, elle devint en peu de temps une des plus fréquentées. Tant est puissante pour le bien la présence d'un homme au zèle apostolique !

Le dévouement du P. Bienvenu prit ici de nouvelles et de plus grandes proportions. Ayant trouvé dans le sentiment de la gratitude un nouveau et plus puissant ressort, il se crut obligé de prendre sur lui tout ce qu'il y avait de plus rude dans la paroisse, sans se laisser abattre par aucune difficulté.

En cette circonstance, comme toujours, sa soumission à la volonté de Dieu et son humilité étaient vraiment admirables. Si quelqu'un, croyant lui être agréable, lui montrait de la compassion pour le mauvais tour que la révolution venait de lui faire, il détournait adroitement la conversation, ou bien il répondait : « Laissez, laissez que le Seigneur frappe ici-bas ce grand pécheur ; si vous saviez combien de péchés j'ai à expier devant Dieu, vous ne me plaindriez pas comme vous le faites ». Puis il les exhortait à la patience et à la résignation : ses paroles étaient si douces et si pénétrantes qu'elles produisaient dans les cœurs les meilleurs effets. Voilà comme les vrais catholiques répondent aux mauvais traitements qu'on leur fait essuyer.

L'excellent curé Renzi étant mort d'apoplexie, le 29 janvier 1868, son digne successeur, dom Dominique Orlandi, fut heureux de continuer au P. Bienvenu sa faveur. Il était ravi, c'est lui-même qui l'atteste, de voir de ses propres yeux sa merveilleuse activité pour le bien des âmes.

La pensée de soulager les pauvres occupait aussi sans cesse le P. Bienvenu. Outre qu'il tâchait de leur venir en aide par des aumônes quotidiennes, deux fois par an il recueillait assez d'argent pour payer le loyer des plus nécessiteux. Les pauvres l'aimaient et le vénéraient comme leur père.

Les jeunes filles et les orphelines qui se trouvaient exposées à des dangers quant à l'éducation ou quant à leur vertu étaient de même l'objet des plus tendres soins du P. Bienvenu. Il ne cessait pas de les exhorter à vivre en vraies chrétiennes ; il les recommandait à des personnes pieuses ; il les plaçait même, le cas échéant, dans de bonnes familles, où elles se trouvaient à l'abri de tout danger. Il rencontra sur ce chemin bien des difficultés, des obstacles et des contradictions ; il reçut même parfois des injures et des insultes. Loin de se décourager, il s'en réjouissait en disant : « La cause est celle de Dieu, le but est la charité : oh ! sans doute Dieu va me protéger. Quand même je devrais y laisser ma vie, je la sacrifierai de bon gré ; car ce sera pour Dieu et pour les âmes rachetées par le sang de Notre-Seigneur ».

Tout résigné qu'il était à la volonté de Dieu, le P. Bienvenu ne cessait pas pourtant de lui demander la grâce de mourir dans les bras de ses confrères. C'est pourquoi, en 1872, un de nos religieux ayant acheté une maison vis-à-vis de la basilique de Saint-Joseph, le P. Bienvenu se hâta de s'unir à lui, infiniment heureux de se trouver encore séparé du monde dans une espèce de couvent. Il continua toutefois à desservir l'église de Saint-Barthélemy, dont la clef lui fut remise par le curé qui regretta beaucoup son départ de chez lui.

Par tout ce qu'on vient de lire, touchant le P. Bienvenu, on ne peut guère douter de l'esprit vraiment apostolique dont il était animé dans tout ce qu'il faisait et disait. Quelles sont en effet les vertus chrétiennes qui forment l'apôtre ? « Ces vertus, dit l'illustre P. Maurel (1), sont : l'oubli de soi-même, l'abnégation, la mortification, le dévouement, le désintéressement, la charité et la compassion pour le prochain, cette charité toujours disposée à tout sacrifier, santé, repos, vie même, à son salut éternel ». N'est-ce pas là un portrait très-fidèle du P. Bienvenu ?

(1) *L'Eglise et le Souverain Pontife*, catéchisme raisonné, par le Père Antonin MAUREL, de la Compagnie de Jésus. Lyon, 1871, 3ᵉ édit. — Cet excellent ouvrage devrait être dans les mains de tout catholique instruit.

Mais il semble que Dieu lui-même ait voulu apposer son sceau à l'apostolat de son serviteur, en lui communiquant jusqu'à une certaine mesure le don des guérisons et l'esprit de prophétie dont parle saint Paul. (I Cor., XII, 6-11.) Peut-être a-t-il voulu par là consoler et encourager les fidèles sujets du Roi-Pasteur, consternés de voir la révolution et l'impiété insultant au Souverain Pontife dans la capitale même du monde catholique. Je ne rapporte que quelques-uns de ces faits avec les principaux détails, comme la nature même de la chose l'exige.

Une pieuse demoiselle, qui demeurait à quatre kilomètres d'Osimo, souffrit durant quelques années d'une tumeur ou glande au sein. Lorsqu'elle la vit augmentée presque à la grosseur d'un œuf de poule, elle en fut effrayée et montra son mal à une femme de sa connaissance ; celle-ci jugea tout à fait nécessaire une visite du chirurgien. Avant de s'y soumettre, la malade voulut être bénie par le P. Bienvenu qui, lui aussi, l'encouragea dans le même dessein. Le médecin lui ordonna des onctions avec de l'extrait de belladone. Les ayant faites soigneusement pendant dix jours sans aucun résultat, elle se rendit de nouveau chez le P. Bienvenu et lui dit que les prescriptions médicales ne lui donnaient aucun soulagement. « Eh bien ! » lui répondit-il, « voulez-vous que saint Joseph vous obtienne la guérison ? » Il fit alors sur la malade le signe de la croix avec les reliques de saint Joseph de Copertino, qu'il portait toujours sur lui, puis il la bénit lui-même et la congédia, en lui disant : « Je n'ai pas de temps à perdre avec vous ; allez au sanctuaire de saint Joseph, touchez de la partie malade les planches de son lit, et contentez-vous de cela ». Elle le fit avec toute simplicité et foi, et, retournée chez elle, elle ne vit plus de tumeur.

Une Sœur de charité de Castelfidardo était cruellement

tourmentée par un cancer au sein. Ayant entendu parler de la guérison de la susdite demoiselle, elle conçut un vif désir d'avoir recours aux prières du P. Bienvenu. Sans le prévenir en aucune manière, elle alla à Osimo avec sa supérieure et quelques autres personnes, et leur étonnement fut extrême quand le curé de Saint-Barthélemy leur dit que le Père les attendait. Tout pénétré de compassion pour l'état pitoyable de la pauvre malade, le P. Bienvenu ne fit que la bénir avec la relique de saint Joseph, et l'envoya prier devant le sépulcre du Thaumaturge, tout en lui disant de prendre courage et en lui adressant d'autres paroles de consolation. A mesure que la malade priait, elle sentait diminuer la douleur qui en peu de temps cessa tout à fait. Retournée chez elle le jour même, elle vit que le cancer avait radicalement disparu, ne laissant qu'une simple cicatrice, comme témoignage de la guérison instantanée. Quelques années se sont déjà écoulées, et ce mal effroyable n'a plus reparu.

Une autre Sœur de la même communauté de Castelfidardo fut atteinte d'un mal très-aigu au médius de la main droite. Le chirurgien, à qui l'on eut recours d'abord, crut bon de lui faire une incision dans la paume de la main, mais on n'obtint qu'un résultat très-fâcheux, c'est-à-dire : augmentation de la douleur, contracture du doigt, affaiblissement complet de la main et de l'avant-bras, à un tel point qu'elle ne pouvait soutenir quoi que ce fût. Comme elle avait été présente à la guérison de l'autre religieuse, elle conçut une grande espérance de guérir par le même moyen. S'étant fait accompagner à Osimo par les mêmes personnes, elle se prosterna d'abord au pied de l'autel de saint Joseph. Tandis qu'elle priait avec une grande ferveur, le P. Bienvenu se présenta à elle et lui demanda quelle grâce elle sollicitait de saint Joseph ; elle répondit : « Lá guérison de la main et du bras. — Et dans quel but la demandez-vous ? » continua-t-il. — Elle répliqua : « Pour être utile en quelque chose à ma Congrégation, parce que, en cet état, je ne puis rien faire. — Mais, si ce doigt », repartit-il, « ne se redressait pas entièrement, cela ne ferait rien, n'est-ce pas ? — Peu m'importe le doigt », répondit-elle, « pourvu que je puisse me servir de la main pour les choses du ménage. — Eh bien ! rassurez-vous », lui dit-il, « venez ici, que je vous signe avec la Relique et que je vous bénisse ». L'ayant bénie, il la renvoya prier devant saint Joseph : la grâce était obtenue, et dès ce même jour cette religieuse put faire aisément tout ce que sa supérieure voulut bien lui confier. Instantanément sa main et son bras se fortifièrent, comme s'ils n'eussent jamais été atteints d'aucun mal, bien que le doigt soit resté contracté suivant la prédiction du P. Bienvenu.

Que cela suffise quant aux faits extraordinaires ; voici maintenant quelques-unes de ses prédictions :

Vers 1869 une femme des environs d'Osimo, après s'être confessée au P. Bienvenu, se recommanda à ses prières, afin que Dieu lui accordât des enfants ; car son mari lui adressait souvent sur ce sujet de durs reproches, et parfois se laissait aller jusqu'à la frapper. Le P. Bienvenu lui répondit, en esprit prophétique, qu'elle aurait des enfants jusqu'à en être accablée. En effet, étant revenue à Osimo en 1874, après la confession, elle lui dit qu'elle avait déjà trois enfants et qu'elle allait en avoir un quatrième. Le P. Bienvenu lui adressa alors ces paroles : « Votre mari tombera malade, mais il ne mourra pas. Il vous arrivera aussi une autre disgrâce pire que celle-là ; mais je ne puis pas vous la dire, de peur de vous effrayer ». Le mari tomba malade peu de temps après, et le mal fit de si grands et de si rapides progrès, qu'on dut l'administrer et on le veillait jour et nuit; mais, une crise favorable étant survenue, sa santé se rétablit aussitôt. Il était encore convalescent, lorsque sa femme accoucha : une violente maladie lui survint tout à coup, et elle mourut.

En 1861, une femme d'Osimo tomba gravement malade. Sa fille, qui était depuis quelque temps pénitente du P. Bienvenu, le fit venir au lit de la malade pour qu'il la bénît. Comme il sortait de la maison, elle lui demanda en confidence si sa mère serait guérie. Il lui répondit : «Pour cette année rassurez-vous ; mais l'année prochaine... » En effet, la vieille mère se rétablit en peu de jours ; mais, un an après, elle retomba malade. Sa fille se hâta d'intéresser de nouveau le P. Bienvenu en sa faveur ; mais cette fois il lui dit clairement : « Ma fille, adorez les décrets de la Providence, mettez votre cœur en paix ; le Seigneur veut appeler à lui votre mère. Remerciez-le de ce qu'il vous l'a laissée encore une année ; maintenant elle ne se relèvera plus ». Elle mourut d'apoplexie huit jours seulement après cette prédiction.

Une pauvre mère avait deux petits enfants fort malades. Elle apporta un jour au P. Bienvenu deux de leurs petites chemises, pour qu'il les bénît ; elle lui demanda en même temps si ses enfants seraient guéris ou non. Il lui répondit : « Ne seriez-vous pas contente que demain même ils allassent tous les deux dans le saint paradis ?» L'un d'eux mourut le lendemain matin, l'autre le soir.

Dieu réservait à son serviteur une dernière consolation. Au commencement de 1875 on permit au P. Bienvenu d'aller desservir la basilique de Saint-Joseph ; mais ce fut pour peu de temps, car la fin de sa carrière mortelle approchait à grands pas. Déjà vers la fin de 1874 on le vit vieillir à vue d'œil et perdre cette vigueur corporelle qu'il avait toujours eue, sans que cependant il diminuât en rien son activité habituelle. Dès les premiers jours du mois de mars 1875, il pressentait, ou mieux encore il prévoyait sa mort prochaine. Il disait alors à quelques-uns de ses pénitents et à quelques religieuses qu'il se sentait mal ou qu'il était sur le point de faire un grand voyage. A ceux qui devaient se préparer quelque temps à l'avance pour faire leurs Pâques, il disait parfois : « Tâchez de faire un peu vite vos affaires; car, si vous retardez, peut-être n'aurai-je pas le temps ». Il continua à confesser, à visiter les malades et à desservir la basilique, tant qu'il put tenir sur pied, avec une merveilleuse vigueur d'âme. Ce fut lui qui fit la cérémonie de la neuvaine de saint Joseph, époux de la sainte Vierge. Le 18 mars, veille de la fête, après avoir confessé cette même jeune femme, à laquelle il avait prédit la mort de sa mère, il lui dit : « C'est la dernière fois que je vous confesse, et vous ne me reverrez qu'étendu au milieu de l'église » ; ce qui arriva en effet. Assistons donc maintenant aux derniers jours du P. Bienvenu, jours pleins d'édification, comme l'avait été toute sa vie.

Le 19 mars, vendredi avant la semaine sainte, il put à peine terminer la cérémonie de l'après-midi. Il alla de suite chez lui dans l'intention de prendre un bain de pied, pour soulager le grand resserrement de cœur qu'il éprouvait. Tandis qu'on préparait le bain, il récita le bréviaire avec son compagnon avant l'heure accoutumée, puis, après avoir pris le bain, il se mit au lit. Le médecin arriva bientôt et lui ordonna de tenir le lit jusqu'à ce qu'il revînt le voir le lendemain matin.

Le samedi matin, le médecin n'ayant pas trouvé de plus graves symptômes, il put se lever pour célébrer dans la petite chapelle de la maison. Ce fut sa dernière messe ; il unit le sacrifice de sa vie à celui de Jésus-Christ et de la Reine des martyrs, dont on célébrait la Compassion ce jour-là. Après la messe, il fut contraint par la force du mal de regagner au plus tôt son lit, d'où il ne devait plus descendre. Il dit alors à son compagnon : « Ayez soin, mon cher frère, de me donner à temps les saints sacrements ; ne craignez nullement que cela me jette dans le trouble, je les désire ardemment, et vous me feriez plus grand tort en me les différant ». On lui répondit qu'on le ferait aussitôt que le médecin en donnerait l'avis. Pendant ce jour on fit deux saignées et on lui appliqua des sangsues à la poitrine ; il passa la nuit assez tranquillement et prit même quelques heures de repos.

Le matin du dimanche des Rameaux la maladie fit de si rapides progrès que le médecin donna ordre de l'administrer sans aucun délai. Le P. Bienvenu en fut très-content, et il reçut le saint Viatique avec la plus grande foi et le plus profond recueillement. Après la communion on le vit tout concentré à remercier Jésus de la dernière visite qu'il venait de lui faire ici-bas. L'Extrême-Onction lui fut donnée aussitôt après ; il répondait d'une voix ferme à toutes les prières du prêtre qui en était ému jusqu'aux larmes. Son compagnon lui donna aussi la bénédiction papale qu'il reçut avec la plus grande dévotion. Comme on lui dit au même moment qu'on venait d'exposer à la vénération publique le corps du Thaumaturge d'Osimo, et qu'on allait faire pour lui un triduum, le P. Bienvenu s'écria : « Non pas pour la guérison de mon corps, je n'y pense même pas, mais pour mon âme, pour mon âme, oh ! oui, car j'en ai un grand besoin. Prions tous ensemble afin que Dieu m'accorde le pardon de mes péchés, qu'il accepte toutes mes douleurs pour leur expiation, et qu'il me donne par sa miséricorde la béatitude éternelle ». Pour ne rien négliger de ce qui pouvait être utile au malade, vers midi de ce même jour, on tint une consultation de trois médecins : ils déclarèrent que le P. Bienvenu était atteint, d'une manière incurable, de pneumonie double. Cependant, bien qu'avec peu d'espoir, on lui appliqua aux extrémités inférieures deux vésicatoires qui le soulagèrent quelque peu de l'oppression de poitrine.

La fâcheuse nouvelle de la maladie du P. Bienvenu s'étant rapidement répandue, on ne saurait exprimer la consternation que tout le monde en éprouva. Dès le premier jour ce fut un concours continuel de personnes de tout ordre et de toute condition venant s'enquérir de l'état de sa santé. Le clergé séculier ou régulier en témoigna la plus vive sollicitude, particulièrement Mgr Michel Seri-Molini, évêque d'Osimo, qui vint le voir plusieurs fois. Les ferventes prières qu'élevèrent au ciel les prêtres, les religieux, les religieuses et les quelques milliers de ses pénitents, furent vraiment innombrables. Le P. Bienvenu demandait l'absolution et la bénédiction à tous les prêtres qui venaient le visiter. Son confesseur l'ayant une fois averti de se tenir en garde contre les piéges de la vaine gloire, il lui répondit : « Mon Père, je n'ai rien qui soit à moi, hors la misère et les péchés ; je suis un ver de terre et non un homme. Je mets ma confiance dans le Seigneur, il va m'aider ; je vous remercie du bon avertissement ; priez pour moi ». On ne pouvait s'empêcher d'admirer sa patience et son abnégation. S'étant mis entièrement entre les mains de ceux qui le soignaient, il leur obéissait très-promptement dans tout ce qu'ils lui disaient de faire. Seulement de temps à autre il les priait de le coucher par terre lorsqu'il serait à la mort ; mais on ne crut pas devoir le contenter dans ce désir.

Le lundi saint, 22 mars, il entra dans une apparente amélioration : c'était le bien-être qui précède la mort chez la plupart des malades. En cet état, il parlait de confesser, de bénir, de chanter à l'église, en un mot, de poursuivre ses travaux apostoliques ; il disait aux assistants : « S'il venait un tel ou tel autre, ils voudront peut-être se confesser ; alors retirez-vous, et faites-les venir ici ». Aux personnes qui venaient le voir, après quelques mots de courtoisie, il disait : « Mon cher ami, voulons-nous faire nos petits devoirs ? Nous voici à la fête de Pâques : quand songerons-nous à un petit balaiement de la maison ? » Le médecin lui ayant ordonné de ne pas abuser de ce peu d'amélioration, il se frappa la poitrine, en disant : « Vive Marie ! je me porte cependant si bien, et l'oisiveté m'est un si grand martyre ! Mais il est bon qu'on brise encore une fois ma volonté ». Lorsqu'on pansait ses plaies, il jetait parfois de hauts cris ; puis, en parlant de son corps : « Le pauvre paysan, disait-il, ne voudrait pas subir toutes ces petites souffrances ; mais, le malheureux, il faut bien qu'il s'y soumette ». Vers le soir, le mal empira beaucoup, et il eut à souffrir de grands spasmes et de cruelles douleurs. Les remèdes violents, proportionnés à la violence du mal, que le médecin crut devoir employer, ne firent qu'accroître ses tourments. Il s'écriait parfois : « Je n'en puis plus, Seigneur ; que votre sainte volonté se fasse. Frappez-moi, Seigneur, vous avez mille raisons pour cela. N'ayez pas compassion de moi en ce monde, mais faites-moi miséricorde dans la vie éternelle ; traitez-moi selon mon mérite ; mais c'est égal, je veux vous aimer toujours, toujours ». Et il pressait contre son sein le crucifix, baisant avec la plus grande tendresse les plaies du Sauveur.

Le matin du mardi saint, on le vit une seule fois fort agité, faisant avec les bras des mouvements répulsifs, montrant une mine très-sévère, se frappant vigoureusement la poitrine et se signant. C'était vraisemblablement une tentation de vaine gloire ; mais il était accoutumé à triompher du démon et de tous ses piéges ; après quelques instants, la sérénité reparut sur son front, et cette agitation ne se reproduisit plus. Dans l'après-midi, il eut des moments de rêverie ; elle consistait à faire des exhortations aux pénitents et à donner l'absolution ; mais il suffisait de l'appeler pour qu'il reprît ses sens. Comme de temps en temps on l'exhortait à la patience, il répondait : « Oui, souffrir par amour, souffrir pour Dieu, mourir d'amour de Dieu ». Vers le soir, tous ses confrères qui se trouvaient à Osimo se réunirent autour de son lit et lui demandèrent la bénédiction pour eux-mêmes, pour tous ses pénitents et pour la ville entière. A cette demande, le P. Bienvenu leva les yeux au ciel, bénit les présents et les absents, et promit que, si Dieu lui faisait miséricorde, il prierait pour tous. Toujours tranquille, le crucifix sur la poitrine, le sourire aux lèvres, il paraissait absorbé dans la plus douce contemplation. Son visage même, enflé par le mal, avait acquis une certaine beauté qu'on ne lui avait jamais vue.

Il demeura dans cette attitude jusqu'à une heure trois quarts après minuit. Deux heures du matin du mercredi saint allaient sonner, et l'âme généreuse du P. Bienvenu, après quelques minutes d'agonie, quitta son corps et se présenta à Jésus-Christ, qui lui dit sans doute : « Serviteur bon et fidèle, entrez dans la joie de votre Seigneur ». (Matth., xxv, 21.)

Oh ! qu'elle est précieuse devant le Seigneur la mort de ses élus ! C'est là le comble de la miséricorde de Dieu envers l'homme. Si nous voulons sérieusement qu'elle soit notre partage et que la mort soit pour nous, comme elle le fut pour le P. Bienvenu, la porte du ciel, que nos lampes soient toujours allumées, ne laissant jamais s'éteindre dans nos âmes le feu sacré de la charité de Dieu et du prochain, et attendant chaque jour, avec une sainte confiance, l'arrivée du Seigneur.

CHAPITRE VI.

Le Père Bienvenu après sa mort.

Il est écrit dans les Livres sacrés que le juste qui craint le Seigneur sera béni le jour de sa mort, et que sa mémoire durera toujours. (Eccl., i, 13 ; Ps. cxi, 7.) C'est ce qui arriva pour le P. Bienvenu. Dès le jour de son saint trépas, ses louanges furent sur les lèvres de tout le monde. Les uns racontaient les bienfaits qu'ils avaient reçus de lui, les autres glorifiaient son zèle infatigable : ceux-ci relevaient sa vie exemplaire et la candeur de ses mœurs, ceux-là remerciaient Dieu de les avoir fait vivre et converser avec un saint : tous le bénissaient et exaltaient jusqu'au ciel ses grandes vertus.

Pour ne donner aux envahisseurs aucun prétexte de crier au fanatisme, on tint cachée l'heure de son transport à l'église, et on ne permit point à la foule d'entrer dans la maison, comme elle l'aurait voulu, désireuse qu'elle était de voir encore une fois son bienfaiteur et son père. Mais qui peut retenir le peuple poussé par la foi et par la gratitude ? A dix heures du même mercredi, jour de sa mort, on transporta le corps du P. Bienvenu dans la basilique pour y chanter l'office et la messe, ce qu'on n'aurait pu faire le lendemain. Devant l'église s'était déjà réuni beaucoup de monde de toute condition. Les quatre fossoyeurs qui le portaient attestent unanimement qu'en maniant son cadavre ils sentirent s'exhaler, à plusieurs reprises, une odeur très-suave qu'ils ne sauraient comparer à aucune autre odeur ; d'autres personnes aussi furent saisies du même phénomène. Durant tout ce jour jusqu'à la nuit avancée, et le lendemain dès le grand matin, on vit toujours beaucoup de personnes agenouillées près du cercueil, inconsolables d'une si grande perte.

A une heure de l'après-midi du jeudi saint, 25 mars, on procéda à l'enterrement, et, bien que l'on eût tenu cachée l'heure de la cérémonie et qu'il fît un très-mauvais temps, une foule de personnes y accoururent, pour accompagner les restes mortels du P. Bienvenu à sa dernière demeure d'ici-bas.

Au cimetière, lorsqu'on dut ouvrir le cercueil pour la reconnaissance du cadavre et pour le placement du tuyau de zinc contenant un mémoire sur le défunt, plusieurs personnes réussirent à lui couper une partie de ses cheveux et des morceaux de son habit, qu'elles gardèrent comme des reliques. Mais on se hâta d'enfermer le cercueil dans la sépulture désignée.

Quelques jours après, on grava sur la pierre sépulcrale l'épitaphe suivante, qui mérite d'être rapportée, fidèlement traduite :

A LA SAINTE MÉMOIRE

DU PRÊTRE BIENVENU BAMBOZZI

MINEUR CONVENTUEL

DE MŒURS CANDIDES, SIMPLE DE PAROLES ET DE MANIÈRES

DURANT QUINZE ANS MAITRE DES NOVICES

IL FUT POUR EUX UN VIVANT MIROIR

D'OBSERVANCE RÉGULIÈRE

D'HUMILITÉ ET DE PÉNITENCE

IL ÉPUISA LES INDUSTRIES DE LA CHARITÉ

ENVERS SES PÉNITENTS

ENVERS LES MALADES ET LES INDIGENTS

INFATIGABLE DANS SON DÉVOUEMENT

IL PARCOURAIT LES VILLES ET LES CAMPAGNES

ÉPUISÉ DE FATIGUE

IL MOURUT LE XXIV MARS MDCCCLXXV

AGÉ DE SOIXANTE-SIX ANS

ENTOURÉ

D'UNE AURÉOLE DE SAINTETÉ

D'UN REGRET UNANIME

Les bons fidèles, bien que privés de la présence corporelle du P. Bienvenu, étant très-sûrs qu'il continuerait à
les aimer et à les bénir du haut de sa gloire, n'interrom-
pirent point leur amoureuse et confiante communication
avec lui. A partir du 25 mars 1875, le tombeau du P. Bienvenu ne cessa pas d'être visité, non-seulement par les personnes de la ville et de la campagne d'Osimo, mais aussi
par des pèlerins de plusieurs autres pays. Dieu daigna cou-
ronner la foi et la dévotion de plusieurs d'entre eux par
d'éclatantes guérisons. Je n'en rapporte ici que quelques-
unes qui sont très-connues à Osimo :

Au mois de septembre 1874, une femme de la paroisse
de San Paterniano, près d'Osimo, fut atteinte d'une grave
maladie de poitrine; elle eut beaucoup à souffrir pendant
six mois. Ayant pris inutilement bien des remèdes et se
voyant privée de tout espoir de guérison, elle résolut de
se faire bénir par le P. Bienvenu. Le 18 mars 1875, elle
put se traîner à grand'peine jusque dans la ville. Ayant
rencontré dans la rue le bon Père en qui elle avait tant
de confiance, elle lui exposa le but de sa venue et le mal
dont elle souffrait. Combien grand dut être son abattement,
quand le P. Bienvenu lui répondit : « Ma fille, aujourd'hui
je ne puis pas ; voyez, je cours à l'assistance d'un moribond ; je vous donnerai la bénédiction un autre jour ; pour
cette fois laissez-moi aller ». La fatigue de la route et le
refus du P. Bienvenu donnèrent à sa maladie un caractère
beaucoup plus sérieux. L'hémoptysie, ou crachement de
sang, s'étant manifestée, la malade était en proie aux plus
grandes angoisses. Le 24 mars, elle envoya sa fille à Osimo,
afin qu'elle engageât le P. Bienvenu à venir la voir; elle
n'en reçut que la navrante nouvelle de sa mort qui venait
d'arriver. Mais le P. Bienvenu, qui lui avait refusé sa
demande sur la terre, voulut bien la bénir et l'exaucer

du haut du ciel. La pauvre malade s'étant recommandée de tout cœur à son intercession, commença à se sentir mieux, et en trois jours elle fut parfaitement guérie.

En 1873, à Osimo, une jeune fille de seize ans était extrêmement tourmentée à cause d'une fracture du bras droit avec déboîtement d'un des os de l'avant-bras. Tout le membre atteint était devenu monstrueux ; elle était contrainte de le tenir toujours dans la même position, pour s'épargner les plus atroces douleurs. On la fit d'abord soigner à l'hôpital ; il y eut quelque légère amélioration, mais sans aucun espoir de complète guérison. Pendant qu'elle y était, elle fut visitée et bénie par le P. Bienvenu, qui lui dit un jour : « Ne craignez point, ma fille ; avec le temps vous vous rétablirez complétement ». Après ce premier traitement qui fut déjà assez long, son père l'envoya prendre des bains de mer ; mais le mal ne faisait que s'accroître. En 1875, elle fut contrainte de rentrer à l'hôpital. Cette fois on lui fit même deux incisions dans le bras, et il en sortit deux morceaux d'os. Les médecins, voyant que désormais la gangrène était inévitable, parlaient déjà d'en venir à l'amputation du bras. La jeune fille s'y serait soumise de bon gré, mais son père ne voulut point. Le P. Bienvenu était mort depuis quelques mois ; la malade se sentit subitement inspirée d'avoir recours à son intercession. Pleine de la plus vive confiance, elle se rendit à son tombeau, dans l'après-midi du 5 septembre, et se mit à prier à haute voix. D'autres personnes étant survenues, elles furent émues de cette scène touchante, et le furent encore davantage, lorsque la jeune personne, se tournant vers elles, se recommanda avec des accents très-tendres à leurs prières. Les voilà donc toutes à genoux. Après un quart d'heure la malade, pleine de foi, essaya de plier le bras, d'abord avec le secours d'une autre personne, puis d'elle-même. Soudain elle entendit un léger craquement ; l'os déboîté était replacé, et en même temps toute enflure avait disparu. La jeune fille, très-sûre d'être guérie, faillit s'évanouir de joie, et tous ceux qui étaient présents pleuraient d'émotion. Maintenant ce bras, destiné à l'amputation, est tout à fait libre dans ses mouvements ; il ne reste plus qu'un seul signe qui rappelle sans cesse la maladie et la guérison ; c'est que, du bout des doigts, elle ne peut pas atteindre l'épaule droite.

Dans la paroisse de San Paterniano, il y avait aussi une pauvre villageoise qui gisait malade depuis quatorze ans. Sa maladie avait commencé par une enflure extraordinaire à la gorge avec des douleurs très-aiguës à tous les viscères, surtout à l'estomac. De temps à autre, elle était sujette à de si fortes convulsions, qu'elle restait comme morte pendant plusieurs heures et parfois un jour entier. Le curé avait déjà dû accourir près d'elle plusieurs fois pour l'administrer et l'assister dans les extrémités auxquelles elle était réduite. Le P. Bienvenu lui-même y fut appelé de temps en temps ; il l'exhortait à la patience, lui disant, entre autres choses, que le Seigneur voulait lui faire subir son purgatoire en ce monde. La dernière fois qu'il la vit, ce fut en décembre 1874 ; il lui dit, en esprit prophétique, de se tenir préparée à des souffrances encore plus grandes pour les premiers mois de 1875. En effet, à tous les maux dont elle était atteinte s'ajoutèrent, dans le mois de février, de nouveaux désordres physiques d'un caractère très-grave. Les vomissements de sang étaient presque journaliers ; les déjections mêmes, mêlées avec des parcelles d'intestins, se firent sanguinolentes, et il survint des accès convulsifs qui lui serraient les dents et la laissaient toute contractée sans pouvoir parler, ni manger, ni dormir. Le 22 mars, la pauvre infirme manifesta le désir d'être visitée et bénie par le P. Bienvenu ; on lui répondit qu'il était moribond. Quelque temps après la mort de ce bon religieux, la mère de la malade, ayant entendu parler du grand concours qu'il y avait à son tombeau et des guérisons qu'on y avait obtenues, résolut de s'y rendre elle aussi pour lui recommander sa pauvre fille. Ayant trouvé une femme qui raclait la tombe du P. Bienvenu avec un petit couteau, elle lui demanda ce qu'elle faisait : « Je prends », lui répondit cette femme, « de la poudre du tombeau de cet homme de Dieu, parce que j'ai une fille malade depuis neuf mois, et j'espère la voir guérir ». Frappée de cette foi et de cette dévotion, elle en prit aussi avec une ferme confiance que cela ferait du bien à sa fille. L'infirme, à qui il tardait de voir sa mère, fut ravie de ce qu'elle avait apporté de la poudre du tombeau du P. Bienvenu. Après s'être recommandée de tout cœur à son intercession, se sentant une foi inébranlable, elle avala d'abord un peu de cette poudre, puis, repliant le mouchoir qui contenait le reste, elle s'en ceignit le corps. Chose vraiment merveilleuse ! en un instant toute douleur et toute enflure disparurent, elle recouvra l'appétit et se trouva si bien, qu'elle voulut se lever. De tous ses maux invétérés, il ne lui restait plus qu'une prostration générale qui ne lui permettait pas de rester debout. Mais cela aussi devait disparaître, car les dons de Dieu sont parfaits. En cet état qui n'était en rien comparable au précédent, pleine de gratitude, elle voulut être conduite au cimetière pour y remercier son grand bienfaiteur. Le 4 septembre 1875, on la plaça dans une voiture. Pendant le transport, qui dura une demi-heure environ, elle eut de telles défaillances qu'on s'attendait à la voir expirer à chaque moment. Mais, lorsqu'on fut en vue du cimetière, placé sur une hauteur, à mesure que la voiture montait, elle recouvrait ses forces à un tel point que, quand on y parvint, elle voulait descendre d'elle-même, et l'aurait pu faire parfaitement bien, si son frère, par précaution, ne lui eût donné le bras. Elle se tint longtemps à genoux devant le tombeau du P. Bienvenu, lui adressant les plus ferventes actions de grâces; après quoi, sans l'aide de personne, elle monta en voiture, rayonnant de joie, et s'en retourna chez elle, racontant à tous les merveilles de Dieu. L'auteur de la Vie du P. Bienvenu ajoute ici fort à propos : « Récemment j'ai vu cette personne en si bonne santé qu'on n'aperçoit en elle aucune trace de la pénible et cruelle maladie dont elle eut tant à souffrir.

Vers la fin de mars 1875, un homme vigoureux de Monsampietrangeli, établi à Osimo avec sa femme, fut atteint d'une très-grave inflammation pulmonaire. On épuisa en vain pour le guérir toutes les ressources de la médecine ; sa maladie, dégénérée en phthisie, fut bientôt déclarée incurable. Il se rendit dans sa patrie pour y respirer l'air natal et pour consulter d'autres médecins; mais leur jugement fut le même, et, revenu à Osimo, il dépérissait chaque jour davantage. Une de ses tantes, qui avait été longtemps pénitente du P. Bienvenu, l'exhorta chaleureusement à avoir une grande confiance dans l'intercession de ce bon Père ; elle fit de son côté un triduum, allant chaque jour au cimetière se prosterner devant le tombeau de l'homme de Dieu, et lui recommandant son neveu par de très-ferventes prières. Les trois jours s'étant écoulés, on ne vit aucun bon résultat. Constante et inébranlable dans sa confiance, elle voulut s'y rendre encore une fois. Tandis qu'elle priait avec la plus grande ferveur, la tête appuyée sur la tombe, elle entendit un fort bruit. Elle leva instinctivement la tête pour s'expliquer la cause de ce bruit, mais elle ne vit ni n'entendit plus rien. Elle se pencha de nouveau sur la pierre sépulcrale et se remit en prière ; après quelques instants elle entendit au-dedans du tombeau un mouvement bruyant plus fort que le premier. Elle n'en fut point effrayée ; mais, dans sa foi simple et confiante, elle prit cela comme un signe que la grâce qu'elle demandait lui était accordée, et son cœur ne la trompait point. Tandis qu'elle priait, son neveu s'était endormi, et il s'éveilla parfaitement guéri au moment où sa tante sortait du cimetière ; il ne lui restait qu'un peu de faiblesse, mais elle disparut en peu de jours. L'auteur auquel j'emprunte tous ces renseignements ajoute comme témoin oculaire : « Cet homme jouit maintenant de la meilleure santé du monde et, à le voir, personne ne jugerait qu'il ait été sur le point de mourir de phthisie ».

Or, voici un autre fait plus récent que je rapporte d'après une relation manuscrite qu'on nous a envoyée de Lorette, signée par le confesseur et par la supérieure de la communauté à laquelle la malade appartient.

Le 1ᵉʳ avril 1876, une des Sœurs converses du couvent de Notre-Dame du Refuge, à Lorette, ayant travaillé toute la journée au jardin, fut atteinte d'une très-violente inflammation à la tête, à laquelle dès le lendemain matin s'ajouta aussi une érésipèle. Les symptômes les plus alarmants se manifestèrent aussitôt ; au bout de deux jours, la pauvre malade perdit l'usage de ses facultés mentales et entra dans une agitation et un délire terribles, qui ne lui laissaient aucun repos ni jour ni nuit. Elle se démenait dans son lit avec une force surprenante, et plusieurs personnes suffisaient à peine pour l'y retenir ; et, comme elle repoussait violemment tout ce qu'on lui présentait, il était impossible de lui faire prendre de la nourriture. Le médecin, qui la visita très-souvent, déclara dès le premier jour que le mal était incurable. Mgr l'archiprêtre Jacques

Spagnoli, très-digne confesseur de la communauté, épuisa inutilement tous les moyens de charité, afin de la calmer. Du cœur de toutes les religieuses s'élevaient au ciel les plus ferventes prières pour lui obtenir la grâce de recevoir les saints sacrements, si nécessaires dans les derniers moments. Cet état si terrible et si pitoyable dura sans relâche jusqu'au 6 d'avril, qui était le jeudi avant la semaine sainte. Le soir de ce jour une pensée vive et subite frappa en même temps plusieurs d'entre les religieuses : c'était d'invoquer le P. Bienvenu. Vite on apporte sa photographie et on la place au pied du lit de la malade. Ces bonnes religieuses se mirent à le prier et à lui parler, comme s'il eût été présent en sa propre personne. Après quelques minutes, la malade se mit d'elle-même sur son séant, cessa de s'agiter, fixa ses yeux sur la pieuse image, s'unit aux prières de ses Sœurs et pria, elle aussi, le P. Bienvenu de lui venir en aide, reconnaissant en avoir un grand besoin. Tous les symptômes du mal disparurent aussitôt, et la malade commença à prendre de la nourriture. Le confesseur, qui survint une demi-heure après, fut ravi de la trouver si tranquille et si bien disposée à écouter ses paroles ; le médecin lui-même constata sans hésiter un mieux tout à fait inattendu. La guérison était si complète que, le matin du dimanche des Rameaux, 9 avril, cette religieuse se trouvait au chœur avec les autres pour recevoir sa palme, chantant à Dieu, dans son cœur, un hymne d'action de grâces. Le mal dont elle avait été atteinte ne se manifesta plus.

FIN

DÉCLARATION DE L'AUTEUR

Parvenu à la fin de ce petit travail, il ne me reste qu'à déclarer, d'après les prescriptions du pape Urbain VIII, que les faits que j'ai rapportés n'ont qu'une autorité purement humaine.

Je soumets de même à l'Autorité de l'Eglise catholique toutes mes idées, mes expressions et mes observations, rien ne me tenant plus au cœur que de suivre scrupuleusement l'enseignement infaillible de Pierre, qui est le fondement, la tête, le cœur et le foyer de l'Eglise, et qui vit toujours dans la personne de ses successeurs, les Pontifes Romains, mais avec un éclat tout spécial dans l'illustre Pontife de l'Immaculée Conception, du Syllabus et du Concile du Vatican, dans l'immortel Pie IX. Puisse-t-il voir de ses propres yeux le plein triomphe de sa cause, qui est celle de Dieu !

TABLE

FIN DE LA TABLE.

Bar-le-Duc — Typographie des Célestins — Bertrand